KB105233

사
랑
방

현모양처 신화를 벗기고 다시 읽는

16세기 조선 소녀 이야기

사임당

임해리 지음

인문서원

어머니를 넘어, 인간 사임당을 만나다

고등학교 때 일이다. 담임선생님이 자신의 꿈을 적어내라고 했다. 30퍼센트 정도가 '현모양처'라고 써냈다. 내 짝꿍도 그렇게 썼기에 나는 '현모양첩'이 더 좋을 것 같다고 말했고 아이들은 박장대소했다.

1970년대 여학교에서는 의무적으로 생활관에서 3박4일 교육을 시켰다. 이른바 여성교육으로 예절을 중심으로 한 내용이었다. 그때 민족의 대표 여성은 신사임당이었다. 당시 필자가 사임당에 대해 알고 있던 것은 이율곡 선생의 어머니이며 포도 그림을 잘 그렸고 효녀였다는 것이 전부였다.

1980년대 대학 생활을 하면서도 남학생들과 자주 부딪쳤다.

역사 속의 인물에 대한 논쟁을 벌이다가 논리가 달리면 남자애가 '어디서 감히 여자가?', '남자는 하늘, 여자는 땅', '여자는 시집만 잘 가면 팔자 펴는데 무엇 때문에 죽어라 공부하냐?'라고 했고 그럴 때마다 필자는 '그래, 여자라서 등록금을 반만 내냐', '공부하는데 남녀를 왜 따지냐'고 받아쳤다. 이후 남학생들과는 군대동기처럼 지냈다.

1990년에 모 방송국에 몇 년 간 근무하였는데 남자들의 여성관은 대부분 고색창연했고 어떤 남자는 여성 사원이 자신의 월급보다 많다는 사실을 버거워했다. 특히 지방 출신 남자 PD들의 의식은 곰팡이꽃 수준이었다.

그들은 '똑똑한 여자는 팔자가 센 법이다', '여자는 남편 잘 받들고 애 잘 키우는 게 행복이다!'라고 창槍을 던지곤 했다.

필자가 대학을 졸업할 당시만 해도 사회생활하는 여성이 그리 많지 않았다. 여대생도 10퍼센트가 채 안 되던 시절이었다.

오랜 세월 남성들과 경쟁하며 협력하며 한국 사회에서 부대끼며 살아왔다. 이 땅에서 여성으로 산다는 것은 다리 한 쪽을 절뚝거리며 사는 것과 크게 다르지 않았다.

필자는 어려서부터 남자로 태어나지 못함을 한스러워했다. 남자로 태어났으면 큰아들이니까 부모님도 든든해하셨을 것이고 여동생들한테는 오빠 노릇을 할 수 있었을 텐데, 하고 말이다.

사회생활하면서 여성으로 사는 것이 더더욱 싫고 힘들었다. 그러면서 스스로 여성성을 죽이고 중성적인 모습으로 살았다. 그것은 일종의 방어책으로 스스로를 코팅한 모습이었다.

몇 년 전 18, 19세기 여성들에 대한 책을 쓰면서 이른바 '여성의식'이란 것에 눈떴다. 그리고 조선시대에 시대의 장막을 걷어내고 자신의 삶을 주체적으로 꾸려간 여성들이 있었다는 사실을 알았다. 그녀들의 삶을 추적하면서 많은 용기를 얻었을 뿐 아니라 여성의 몸으로 태어나 여성성을 죽이는 것은 나 자신에 대한 폭력이라는 사실을 깨달았다. 이후 여성에 대한 책을 쓰게 된 동기도 여기에 있었다.

이 책은 16세기 조선의 여성 지식인이었던 사임당의 삶에 대한 평설이다. 2009년 5만원권 지폐 인물로 사임당이 선정되자 여성계의 반발이 컸다.

'현모양처 이데올로기에 의해 지지되고 있는 신사임당의 화폐 인물 선정을 반대한다', '신사임당처럼 가족주의 틀에 갇힌 여성보다 21세기형 부드러운 리더십을 가진 여성을 제안한다'는 주장이었다.

하지만 과연 사임당의 삶에 대해 우리가 알고 있는 것이 얼마나 진실일까?

필자는 우리 사회가 상당히 배타적이고 허위의식과 편견에 취약하다고 생각한다. 그 배경에는 35년의 일제 강점과 18년의 장기독재로 인한 이데올로기가 도사리고 있다고 본다.

역사 속의 인물을 조명하는 일은 쉽지 않은 작업이고 여성의 경우는 자료가 부족하기 때문에 흩어진 구슬을 찾아 모아서 꿰는 것과도 같다. 그나마 사임당의 경우는 아들이 대학자인 이율곡 선생이고 어머니에 대한 기록을 남겼으며 여러 문인들이 기록에서 언급하고 있다.

이 책의 주요 관점은 다음과 같다. 우선 조선시대에는 현모양처의 개념이 없었다. '열부효부'의 개념만이 있었다. '현모양처'는 일제 강점기에 조선에 강제로 주입된 개념임에도 마치 오랫동안 내려온 전통적 개념인 양 거짓 포장되어 여성을 억압하는 이데올로기가 되었다. 또한 사임당이 살던 16세기는 남자가 장가를 들어 처가살이하는 것이 일반적이었고 여성은 재혼, 삼혼까지도 하였다. 혼인한 딸도 친정 유산을 상속하였고 제사도 아들 딸이 돌아가며 지냈고 외손자에게 재산을 물려주기도 하였다.

대부분의 사람들이 이 대목을 얘기하면 깜짝 놀라는데 조선시대 가족사회사 연구로 유명한 고려대 명예교수 최재석 교수의 논문을 비롯해 학계의 논문에는 실증적 사료들이 많이 나와 있다. 우리가 일반적으로 떠올리는 조선 사회의 모습은 18, 19세기의 것이다.

사임당은 16세기에는 당대의 '화가 신씨'로 알려졌다가 17세기에 노론의 거두 송시열이 서인의 정통성 강화를 위해 스승인 율곡을 숭상하면서 '성현의 어머니'로, 그리고 일제 강점기 때는 식민지배 이데올로기 주입의 일환으로 '군국의 어머니'로 둔갑했다. 말하자면 사임당은 사후 460년 동안 이데올로기의 희생자로 살아남은 여성이었다.

일제 강점기인 1910년에 조선연구회에서 발간한 『조선귀족열전』에 따르면 일제는 조선인 76명에게 일본 귀족과 유사한 작위 및 은사금을 수여했다. 병합에 크게 기여했다는 이유에서다. 한가람역사문화연구소에 따르면 작위를 받은 76명 중 64명이 노론이었다.

사임당이 노론에 의해 추앙되고 일제가 '군국의 어머니'로 분장

시켰는데 1970년대 독재정권에 의해 현모양처의 표상으로 부각된 것과 노론 세력이 현재까지 기득권을 유지하고 있다는 사실은 단순한 우연의 일치일까?

1970년대 박정희 정권은 독재를 합리화하는 명분으로 이순신과 사임당을 민족의 대표인물로 부각시켰다. 이순신은 구국의 영웅으로, 그리고 사임당은 대통령 부인 육영수에 투영시켜 독재정권의 방패막이로 이용하고 현모양처의 표상으로 만들었다.

'사임당'의 의미는 중국 주나라 문왕의 어머니인 태임太任을 스승으로 삼는다는 것인데 태임은 현모양처가 아니라 여성으로 군자의 모범이 된 인물이다. 사임당이라는 호는 본인이 어릴 적에 직접 지어 아버지에게 허락을 받아 쓴 것이다.

사임당의 생애를 더듬어가는 동안 필자는 그녀가 혼인 후 7남매를 교육시키며 어려운 생계를 책임지고 남편의 외도로 평생 고통을 받으면서도 자신을 지키고 예술로 승화시킨 의지와 열정에 저절로 머리가 숙여졌다.

사임당은 여성으로서 한 인간으로서 자기완성을 위해 치열하게 살았던 인물이다. 또한 훌륭한 교육자인 동시에 독창적인 개성을 표현한 예술가였다. 그런 점에서 21세기 리더의 모습을 충분히 갖추고 있다고 본다. 지천명을 넘어 16세기의 뛰어난 지성인 '사임당'을 만날 수 있어서 참으로 기쁘다.

마지막으로, 이 책이 나오는 데 많은 분들의 응원이 있었음을 밝힌다. 인문서원의 양진호 대표와 위정훈 편집장, 강영신 디자이너, 표지디자인을 디렉팅해준 박창완 Salad 대표, 기획안과 방향을 잡아준 노성두님, 정회선님, 그밖에 사단법인 한국그리스협회 회원 여러분, 그리고 사진을 제공해준 오죽헌시립박물관, (사)율곡연구원에도 감사 말씀 올린다.

필자는 어려서부터 아버지와 많은 얘기를 나누며 성장했다. 맏딸로 태어났기 때문에 아버지의 사랑은 각별했다. 초등학교에 입학하자 천자문부터 익히게 하여 6학년 때는 신문에 나온 어려운 한자를 다 읽을 정도였다. 뿐만 아니라 세상을 살아가는 데 필요한 상식과 사람 사는 도리를 가르쳐주셨다. 아버지는 내 인생의 첫 멘토였고 스승이었다.

이 책을 돌아가신 아버지께 바친다.
그리고 평생 후원해주신 어머니께도 감사의 말씀을 올린다.

2015년 을미년 5월 제주에서
연우蓮雨 임해리

차례

師任堂

1장.

조선의 남녀는 평등했다

사임당의 시대인 16세기 조선 풍경

매서운 칼바람이 몰아쳤다.

이곳이 북녘 땅임을 알려주려는 듯, 뼛속까지 파고드는 매서운 북풍을 맞으며

초라한 행색의 선비가 비틀거리며 걷고 있었다.

"어허, 갈 길이 머니 죄인은 빨리빨리 걸으시오!"

호송관이 매몰차게 재촉했다.

곤장을 60대나 얻어맞아 곤죽이 된 몸을 이끌고 비척거리며 걷는

선비의 머릿속에는 회한과 원망이 가득했다.

그때 조금만 참았더라면, 말리는 아내의 말을 들었더라면……

그러나 참지 못하고 손찌검을 한 것이 문제였다.

장인을 구타한 죄, 아내를 구타한 죄.

인륜을 저버린 행위임을 모르는 바는 아니었다.

그러나 곤장을 60대나 얻어맞고, 아내와 이혼당하고,

돌아오기 힘든 먼 곳으로 귀양까지 가야 할 정도로 대역죄를 지었는가?

그랬다.

왕명의 지엄함을 잊은 것이 죄였다.

"이대로 두면 그 딸에게 아비의 원수와 살라는 말이다."

성리학의 지배 이전,
차별은 없었다

사임당(1504~1551)이 살았던 16세기는 조선시대 전기에 속한다. 우리는 조선시대, 하면 남존여비 사상으로 남자는 하늘이요 여자는 땅이라고 여겼을 것이라 생각하기 쉽다. 그러나 1392년에 이성계가 개창하여 1910년 일제에 의해 패망하기까지 조선왕조 500여 년 동안 여성이 재산권과 상속권을 잃고 남녀관계가 불평등해진 것은 17세기 중엽 이후였다.

사임당의 생애는 연산군을 몰아내고 왕위에 오른 중종의 재위 기간(1506~1544)과 거의 겹친다. 그러므로 중종조, 즉 16세기 조선의 풍경을 아는 것은 우리가 신사임당이라는 조선 여성의 삶을 읽는 데 좋은 자료가 될 수 있다. 특히 남녀의 지위와 혼인 풍습 등을 알아보는 것은 사임당을 둘러싼 많은 오해와 왜곡을 풀어주는 열쇠가 된다.

16세기는 조선왕조가 들어선 지 100여 년이 지났음에도 여전히 고려의 풍습이 남아 있었고 남성과 여성이 비교적 대등한 관계를 유지하던 시대였다. 조선 건국의 주체인 사대부들이 새 왕조의 경영을 위해 제도와 문물을 정비하는 과정이었고, 성리학을 국가의 지도이념으로 삼았으나 아직 그것이 사회 전체에 뿌리내리지는 못한 때였다. 통일신라에서 고려 때까지의 오랜 불교적 전통과 생활방식이 성리학적 규범으로 바뀌는 것은 임진왜란(1592)과 병자호란(1636)을 거친 17세기 이후에야 가능했다.

그러면 조선의 통치이념인 성리학은 여성의 지위와 권리 면에서는 어떤 변화를 가져왔을까?

조선 초기의 성리학에 대한 이해는 앞으로 이야기할 사임당의 인생관과 교육관과 밀접한 관계가 있다. 사임당에 대해서는 흔히 '대유학자 율곡의 어머니', '그림에 재주가 뛰어난 여성' 등의 수식어가 따라붙는다. 하지만 그가 가졌던 사상적 배경을 인식하면 7남매를 어떻게 교육시켰으며 또한 그림을 통해 어떻게 자아실현을 하면서 주체적인 삶을 꾸려갔는가를 엿볼 수 있다.

조선은 개국과 동시에 성리학을 통치이념으로 삼았지만 건국 초에 왕위 계승권을 둘러싸고 일어난 두 차례의 왕자의 난으로 사상적으로는 대의명분을 상실했다. 왕위를 놓고 형제들끼리 죽고 죽인다는 것은 인륜과 인본주의를 정면으로 거스르는 '용서받지 못할' 행위였기 때문이다.

성리학은 송대의 사대부층에 의해 성립된 유학 사상으로 주자[1]가 정립했다. 주자는 유교의 경전을 재해석하면서 입문서인 『소학』[2]을 만들었고, 「가례家禮」와 중국의 대표적 사서 중 하나인 『통감강목通鑑綱目』을 만들었다.

성리학이 추구하는 이상적인 정치는 예禮에 의한 것이었다. 따라서 인륜과 도덕을 우주질서 및 인간 심성과 통일적으로 해석하여 정치철학의 바탕이 되었다. 이를 주도적으로 이끈 인물이 조선의 국가 기틀을 마련한 정도전(鄭道傳, 1342~1398)이었다. 고려의 국가이념이던 불교를 비판하면서 유교적인 문물 정비와 성리학적인 윤리규범을 확립하고자 했던 정도전은 고려 때부터 내려오던 풍습의 영향으로 여성들의 자유분방한 생활을 하는 것과 여성의 발언권이 강한 것을 비판하였다.

성리학은 남녀와 귀천을 나누는 차별적 신분질서를 지향하였으며 그것은 삼강오륜에도 나타나 있듯이 평등한 수평적 관계가 아니었다. 충과 효, 그리고 남편에 대한 아내의 순종을 요구하는 성리학의 규범에 따라 세종과 성종 때 만들어진 것이 『삼강행실도』, 『내훈』 등이었다. 그러나 왕실과 민간에서는 여전히 불교와 도교,

1   주자(朱子, 1130~1200, 남송시대)는 주자학을 집대성하여 중국 사상계에 가장 큰 영향을 미친 인물이다. 윤리적 행동의 실천과 유교 오경의 연구를 강조하는 '격물'을 중시했으며 조선의 성리학에 절대적인 영향력을 끼쳤다.

2   『소학小學』은 주자의 제자 유자징劉子澄이 주자의 지시에 따라 여러 경전에서 아동들을 교화시킬 수 있는 일상생활의 자잘한 범절과 수양을 위한 격언과 충신·효자의 사적 등을 모아 편찬한 것이다.

민간신앙이 일상 속에 자리 잡고 있었으며, 성리학적 우주론을 확립하고 이념을 실천적으로 행한 사람들은 사림파士林派였다.

사림파와

윤리 교과서 『소학』

사림파는 15세기 말 성종 연간에 정치세력으로 등장하여 훈구파勳舊波를 비판하였다. 대개 세조대 이래의 공신들을 중심으로 한 집권 정치세력이 훈구파의 주류를 이루었다. 세조의 즉위는 왕위 찬탈이었고 성리학적 관점에서 보면 대의명분이 빛을 잃었다. 이를 빌미로 사육신 사건, 금성대군 역모사건 등이 일어나지만 모두 실패로 돌아갔고, 훈구파들은 관직을 독점하고 인사권을 쥐고 흔들면서 온갖 특권을 독차지하여 부정부패를 일삼았다. 또한 토지를 강점하고 양인을 노비로 삼아 토지를 경작하게 하는 등 향촌질서에 위협을 가했다.

중앙정치에 진출한 사림파는 이러한 훈구파들의 국정농단에 대해 "관직을 빌려 이익을 탐하는 소인배들"이라고 비판하면서 『소학』을 실천적 윤리로 삼아 중앙정치를 개혁하고자 했다. 또한 일반 백성들에게도 『소학』을 한글로 번역하여 향촌사회의 지배 질서를 유지하고자 하였다. 『주자가례朱子家禮』와 『소학』의 보급은 이러한 배경에서 이루어졌다.

『주자가례』는 관혼상제 등 집안에서 행하는 주요행사의 예제를

『삼강행실도』. 1434년(세종 16) 직제학 설순 등이 왕명에 의하여 우리나라와 중국의 서적에서 군신·부자·부부의 삼강에 모범이 될 만한 충신·효자·열녀의 행실을 모아 만든 책이다. 매 편마다 그림을 넣어 사실의 내용을 한눈에 알아볼 수 있게 구성했다. 백성들의 교육을 위한 일련의 조선시대 윤리·도덕 교과서 중 제일 먼저 발간되었을 뿐 아니라 가장 많이 읽힌 책이다.

규정한 것으로, 근본적인 목적은 그 절차를 통해 명분을 높이고 그들의 삶이 인간다운 삶이라는 자존의식을 갖게 하는 동시에 가족 상호간의 애정과 공경을 돈독히 하는 데 있었다.

한편 『소학』은 인륜에 기반한 사회윤리와 실천을 강조한 내용으로 예의를 몸에 배도록 습관화할 것을 강조하였다. 즉 교화의 수단으로 보급을 장려하였는데 주요 내용은 유교의 효孝와 경敬을 중심으로 이상적인 인간상과 아울러 수기修己, 치인治人의 군자를 기르기 위한 계몽 등이었다. 따라서 『소학』은 사학四學, 향교, 서원, 서당 등 모든 유학 교육기관에서 필수과목이 되었고 성균관 입학시험에서도 다루었다. 오늘날로 치면 수능시험 과목이었던 것이다. 따라서 『소학』은 조선시대의 충효사상을 중심으로 한 유교적 질서를 구축하는 데 막대한 영향을 끼쳤다.

남자는 경전 공부,
여자는 부덕婦德 익히기

성리학이 조선에 정착해 가는 과정에서 여성들도 성리학의 질서 속에 자연스럽게 편입되어 갔다. 사대부 집안에서는 남성이 수신제가치국평천하修身齊家治國平天下를 배울 때 여성은 제사를 받들고 손님을 접대하는 것이 주된 소임이라고 가르쳤다. 조선시대 여성교육의 장소는 가정이었고 따로 글공부를 시키지 않았다. 『세종실록』에는 당대 여성교육에 대한 조선왕조의 시각이 드러나 있다.

중국의 부녀들은 문자를 알고 있어서, 혹 정사에 참여하여 나라를 그르치는 수가 있다. 그러나 우리 동방은 문자를 알지 못하므로 부인이 정사에 참여하는 일은 전혀 없을 것이다. 다만 부인이 정사에 참여하지 않는다 할지라도 군심을 충옥蟲獄하면 인군人君이 그 말을 듣고 나라를 그르치게 될 것이니 역시 이를 염려해야 할 것이다.

_『세종실록』, 세종 19년(1437) 11월 12일

우리나라 제일의 성군으로 꼽히는 세종대왕조차도 여성들이 문자를 알면 정사에 참여하게 될 것을 염려했던 것이다. 여기서 문자란 한문이며 한문을 배워 경전을 공부한다는 것은 지식을 갖게 되는 것을 의미한다. 여성이 지식을 습득하면 자신의 주관이 서게 되고 사회의식과 정치의식이 생겨서 남편에게 이러쿵저러쿵하며 나랏일에 간여할 것이라고 근심하였던 것이다.

조선초기의 여성으로 한문과 경전에 해박한 지식을 가진 여성이 있었으니 조선 최초의 여성 교양서 『내훈』을 만든 소혜왕후(1437~1504)였다. 세조의 며느리로 남편이 죽어 출궁出宮하였다가 둘째 아들을 임금으로 만들었으니 그가 성종이다. 흔히 인수대비, 연산군의 할머니로 알려져 있다. 연산군의 생모 폐비 윤씨의 시어머니가 된다.

소혜왕후의 아버지 한확(韓確, 1400~1456)은 두 명의 누이를 명나라 황제의 후궁으로 만들어 조선의 외교관 역할을 하였고 청주 한씨 가문은 조선 초의 명문이었다. 그는 한명회, 신숙주 등과 함께 세조의 즉위를 도왔으며 명나라에서 벼슬을 한 적이 있기 때문에 딸에게도 글을 가르쳐야 한다고 생각하였을 것이다. 소혜왕후가 어려운 한문을 익힌 데에는 아버지의 영향이 절대적으로 작용했을 것이다. 한확은 국제 정세는 물론 정치적 감각이 뛰어났던 것으로 보인다. 소혜왕후가 왕위계승 서열 3위인 둘째 아들을 임금으로 앉히는 데는 한명회와 시어머니 정희왕후(세조의 부인)의 밀약과 도움이 컸다. 당대의 정치 역학 관계를 재빠르게 읽고 그들과 손을 잡아야 한다는 소혜왕후의 판단은 정확하게 맞아떨어졌다. 이러한 정치력은 아버지로부터 받은 영향과 그 자신이 부단히 쌓은 학문이 뒷받침되었기 때문일 것이다.

소혜왕후가 『내훈』을 저술하면서 참고한 책으로 40여 종의 경전과 여러 역사서를 인용한 것을 보면 소혜왕후의 학식이 대단히 뛰어났음을 알 수 있다.

『내훈』은 일반적으로 남존여비 사상을 강화시킨 것으로 오해받고 있지만 사실은 전혀 그렇지 않다. 오히려 정반대다. 『내훈』 서문을 보면 "한 나라의 정치흥망이 대장부의 어질고 우매함에도 달려 있지만 부인의 선악에도 달려 있다고 생각하여 부녀자들도 가르쳐야 한다."고 밝히고 있다.

서문에 나오는 달기, 포사, 여희, 비연은 중국에서 모두 황제들의 총애를 받았으나 그로 인해 왕조를 망하게 하거나 패덕한 여성들을 지칭한 것으로 이는 성인의 도를 배우지 않았기 때문임을 강조하고 있는 것이다.

그래서 서문에 "사람이 비록 본래 맑다 하여도 성인의 가르침을

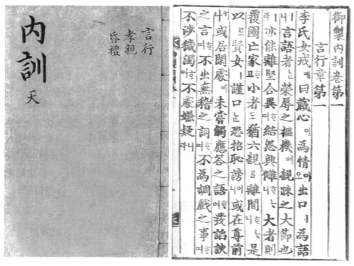

『내훈』표지(왼쪽)와 7개의 장 중 하나인 언행장(오른쪽).

알지 못하고 하루아침에 갑자기 귀하게 되면 이는 원숭이에게 의관을 갖추어 놓은 것이고 …… 『소학』, 『열녀烈女』, 『여교女敎』, 『명감明鑑』 네 권의 책 가운데서 중요하다고 여겨지는 가르침을 취합하여 일곱 장으로 만들어 너희들에게 주노라. …… 너희들은 이를 마음에 새기고 뼈에 새겨 날마다 성인聖人의 경지에 이르도록 하여라.'고 밝혔던 것이다.

『내훈』 서문에 '주나라 문왕의 훌륭한 교화는 태사太姒의 밝음 때문에 더욱 빛이 난다'는 표현이 나온다. 태사는 주나라 문왕의 부인을 말한다.

소혜왕후가 『내훈』 첫머리에서 몸을 닦는 도리를 논하고 마지막에 성인의 경지에 이르도록 하라고 밝힌 뜻은 남성보다 여성의 역할을 강조한 것으로 여겨진다.

한편 당시 평민 여성들은 글자를 알지 못했고 사대부 여성들도 한글을 배워서 편지나 의사 전달 수단으로 이용했을 뿐, 남성들처럼 체계적으로 경전을 배우지는 못하였다. 여성이 글공부를 하여 경전을 읽고 시를 쓰는 것에 대한 사대부들의 인식은 조선후기까지도 부정적이었다.

현대인인 우리는 보통 실학자라 하면 유연하고 실용적인 사고를 했던 진보적인 학자의 이미지를 갖고 있다. 그러나 여성문제에 있어서만은 실학자들도 보수적인 시각을 고스란히 유지했다. 영정조대의 유명한 실학자 이덕무(李德懋, 1741~1793)는 이렇게 말했다.

> "부인은 경서와 사서, 논어, 시경, 소학, 그리고 여사서를 대강 읽어서 그 뜻을 통하고 여러 집안의 성씨, 조상의 계보, 역대의 나라이름, 성현의 이름자를 알아둘 뿐이요 허황하게 시사詩詞를 지어 외간에 퍼뜨려서는 안 된다."
>
> _ 이덕무, 『사소절士小節』

실학의 대가였던 이익(李瀷, 1681~1763) 역시 마찬가지였다.

> "독서나 강의는 장부丈夫의 일이고 부인은 가족을 봉양하고 제사와 손님들을 받드는 일을 해야 한다."
>
> _ 이익, 『성호사설星湖僿說』

이처럼 사대부들은 여성이 가내 범절을 익히기 위한 수단으로 문자를 공부할 뿐이라 여겼다. 사대부 여성들의 학습서는『내훈』, 『삼강행실도』등 여성의 부덕을 강조한 것이 대부분이었다. 여기에서 본받으라고 한 여성의 모습은 "먼지와 때를 씻고 의복이나 치장을 청결히 하며, 수시로 목욕하여 몸을 깨끗이 하는 것을 부용婦容이라 한다."는 것이었다.

여성들에게 가르치는 내용은 내외법에 근거한 여성의 역할, 예의와 순종, 시집가기 전에는 부모님을, 시집가서는 남편을, 남편 사후에는 아들을 따르라는 삼종지도 등이었다. 그러나 사임당과 동시대를 살았던 송덕봉(宋德峰, 1513~1578)이 호남의 다섯 현인賢人 중 한 사람으로 꼽히는 남편 유희춘柳希春에게 보낸 여러 통의 편지를 보면 부인이 남편에게 당당하게 의견을 밝힌 것을 볼 수 있다.

1571년에 전라관찰사로 부임한 유희춘은 재직 중에 본가 조상들의 묘를 단장하고 비석을 세웠다. 하지만 정작 처가에는 도움을 주지 않았다. 이에 대해 송덕봉이 거론하자 유희춘은 국가의 녹을 먹는 사람에게 사사로운 청을 하지 말라며 사비를 들여서 알아서 하라고 한다. 화가 난 송덕봉은 그 유명한 '착석문斷石文'을 작성하여 유희춘에게 보낸다.

'불과 4, 5곡의 쌀이면 일을 끝낼 수 있는 것을 싫증내고 번거로워 하시니 통분한 마음이 죽고 싶을 지경이오'라는 내용이었다. 이를 본 유희춘은 더 이상 할 말이 없어 아내의 눈치를 살피면서 장인의 비碑를 세워주겠노라고 답했다. 이런 사례를 보면 여성이 무조건적으로 순종한 것만은 아니었음을 엿볼 수 있다.

그러나 일반적으로 사대부 집안에서 교육은 남성 중심으로 이루어졌다. 그래서 어려서부터 학문에 흥미를 가졌던 여성들은 남자 형제들 어깨너머로 글을 배워 문장을 짓기도 하였다. 위에서 본 송덕봉도 친정이 호남의 명문이었고 어려서부터 경전과 역사책을 읽어 대유학자인 남편과 시를 주고받을 정도의 지식인 여성이었다.

한편 신사임당과 동시대를 살았던 문인 심수경(沈守慶, 1516~1599)은 이렇게 썼다.

> 중국에서는 여성이 문장을 잘하는 경우가 기이한 일이 아니나 우리나라에서는 드물게 기이한 일이라고 하면서 부인은 마땅히 술과 음식을 의논할 것인데 양잠과 길쌈을 집어치우고 시를 읊는 것을 일삼는 것은 아름다운 행동이 아니지만 그 기이함에 감복할 뿐이다.
>
> _ 심수경, 『견한잡록遣閑雜錄』

그런데 당시 여러 문헌을 보면 사대부 집안의 여성들 가운데는 글을 익히고 시를 지은 경우가 상당수 있었다. 한 예를 보자. 세종 대에 평안도 절제사를 맡은 이각李恪이 오랑캐들을 막으러 변방으로 떠나자 부인이 시를 지었다.

낭군을 전쟁터로 보내며

어느 곳 백사장에 푸른 깃발을 꽂았기에
군인의 노래 오랑캐 피리소리가 꿈속에서 서글픈가

길가 버드나무 아래 이별을 내 어찌 원망하리오
다만 달 아래 나뭇가지에 말을 매고 돌아오기를 기다려보리라

그리고 최치운(崔致雲, 1390~1440)의 둘째 딸도 시를 지었다.

남편을 애도하며

봉새 황새 함께 날며
봉새에 화답하며 즐겼는데
봉새 가고 아니 오니
황새 홀로 울고 있네
머리 들어 하늘에 물어도
하늘은 묵묵히 말이 없고
내 한은 끝이 없네

최치운은 사임당의 외증조부가 되니 위 시를 지은 최씨 부인은
사임당의 외조모의 고모가 된다. 이러한 친족관계로 볼 때 사임당
이 글을 배우고 시를 짓게 된 배경에는 이렇듯 여성에게 글을 가르
치던 집안 내력이 중요한 영향을 미치고 있음을 알 수 있다.

동양 삼국 최고의 여성시인으로 일컬어지는 허난설헌(許蘭雪軒,
1563~1589)도 명문가에서 태어나 어릴 때부터 남자 형제들과 어깨를
나란히 하며 학문을 배웠으니 『홍길동전』으로 유명한 허균이 그의
동생이다.

조선초기에는 몇몇 여성들이 시나 시조를 짓는 것에 그쳤지만 영정조 대 이후에는 의유당意幽堂 남씨(영조 때), 강정일당(姜靜一堂, 1772~1832) 등 자신의 문집을 낸 여성이 20여 명에 이르게 된다.

그중에서도 임윤지당(任允摯堂, 1721~1793)은 조선후기의 성리학자인 동시에 학문으로는 조선에서 첫손 꼽을 만한 여성이다.

윤지당允摯堂이란 호는 조선의 6대 성리학자 중 한 명이었던 둘째 오빠 임성주(任聖周, 1711~1788)가 지어준 것이다. 이 이름에는 남자 형제보다 더 학문을 좋아하던 여동생에게 주나라 문공의 어머니 태임을 닮아 '너도 성인이 되라'는 뜻이 담겨 있다.

윤지允摯는 '태임과 태사太姒를 독실히 신봉한다'는 뜻이다. 이는 『주자』의 '윤신지允莘摯'라는 글귀에서 따온 말로, 신莘은 문왕의 부인이었던 태사의 친정 고향이며 지摯는 문왕의 어머니인 태임의 친정 고향이다.

여동생의 재능을 알아본 둘째 오빠 임성주는『효경孝經』,『열녀전』,『소학』,『사서』등을 가르쳤는데, 임윤지당은 낮에는 일상생활을 하고 밤에는 경전을 읽고 글을 지었다고 한다.

동생인 임정주任靖周는 누나 임윤지당이 학문에 재능이 있어서 형제들과 경전, 역사, 인물, 정치에 대해 토론을 하였다고 기록하고 있다. 하지만 조선시대에는 여성들의 재능이 활용되지 못했으므로, 학문적 재능을 발휘하기보다는 어른을 공경하고 정숙하게 행동하는 유교적 윤리를 실천하였다.

사임당과 윤지당의 일생을 비교해보면 공통점을 엿볼 수 있다. 당호堂號에서 알 수 있듯이 두 사람 모두 성인의 도를 구하려 했다는 점이다. 그러나 조선시대에서 여성이 남성의 전유물인 학문을 하고 군자의 길을 추구한다는 것은 사회적으로 용인되기 어려웠다. 때문에 사임당은 그림을 그리며 자녀교육에 힘썼고, 윤지당은 평생 성리학을 연구하며 도덕적 실천과 함께 글을 남김으로써 후대 여성 지식인들에게 많은 영향을 끼쳤다.

어떤 이들은 사임당의 호를 풀이하기를 어려서부터 현모양처로서 모범이 되고자 했다는 등 그런 자질이 엿보였다고 하였는데 '현모양처'라는 단어 자체가 조선시대 문헌에는 없으며, 일제 강점기에 도입된 개념이었다. 어려서부터 총명하고 경전을 읽으며 중국의 고대 정치와 역사에 대한 지식을 갖춘 소녀가 고작 여성으로서 부덕을 쌓는 것에 만족했을까? 요즘 식으로 말하면 공부 잘하고 똑똑한 초등학교 5학년 여자애에게 네 꿈이 무엇이냐고 묻는데 "나는 의사의 아내가 되고 싶어요." 또는 "변호사 부인이 되고 싶어요."라고 대답하겠는가?

사임당이 스스로 자신의 호를 지은 행위 자체가 인생의 목표를 세운 것이었다.

조선시대에 여성이 글을 배워 시를 짓고 글을 쓴다는 사실은 인간으로서 이미 주체적 삶을 추구하는 실천적 행위이다. 그녀는 『사서삼경四書三經』과 『자치통감資治通鑑』 등의 역사서를 읽으면서 사회와 시대에 대한 통찰력이 생겼을 것이다.

사임당이 살던 시대에 사대부들은 국가 통치이념으로 성리학을 채택하여 교화의 수단으로 삼고자 하였으나 고려대부터 내려온 전통과 풍습이 하루아침에 변하기는 어려웠고 여성들은 부덕을 교육받았으나 사회적으로는 여전히 평등한 관계를 유지하고 있었다. 이는 처가살이하는 풍습과 재산권과 상속권이 남녀차별 없이 균등하게 분배되었던 사실과 직접적인 관계가 있었던 것으로 보인다.

처가살이라는
혼인 풍습

사임당이 살았던 16세기까지도 우리나라의 전통적인 혼인제는 남귀여가제男歸女家制였다. 남귀여가제란 혼례를 치른 첫날 저녁에 신랑이 처가로 가서 자고 사흘째 되는 날 부부가 상견례를 한 다음 처가에서 혼인생활을 시작하는 것, 말하자면 처가살이다.

처가살이는 고구려시대에 시작된 것으로 추정된다. 당시에는 서옥제壻屋制라고 불렀다. 이는 양쪽 집안이 혼인에 합의하면 신부의 집 뒤뜰에 '서옥'이라는 별채를 지어 신혼집으로 사용하고, 아이가 장성하면 비로소 남편이 아내와 자식을 데리고 자신의 집으로 가는 제도이다. 이 같은 풍습은 고려시대에도 이어진다. 고려시대에는 처가살이를 '남귀여가혼'이라 불렀는데, 일정 기간 신랑이 처가에 머물러 사는 제도이다. '장가丈家'란 말이 장인, 장모의 집이라는 뜻이니, '장가 간다'는 말도 여기서 비롯됐다.

사임당의 경우도 외조부 이사온李思溫이 강릉 오죽헌에서 처가살이를 하였고 아버지 신명화도 그곳에서 사위로 처가살이를 하였고 훗날 넷째 사위(권화)에게 오죽헌을 물려주었다. 따라서 사임당이 오

조선후기의 혼례 풍경. 단원 김홍도가 그린 평생도 가운데 「혼례」.

랫동안 친정살이를 한 것은 당시 아주 일반적인 풍습이었다.

한편 조선초기부터 성리학의 이념에 따라 국가 질서를 정비하던 사대부들은 가부장적 종법제를 중심으로 친영제親迎制를 중국에서 도입하였으나 정착된 것은 병자호란이 끝난 17세기 중반 이후였다. 친영제는 신랑 집에서 혼례 첫날 상견례를 하고 시집에서 혼인생활을 하는 것으로 오늘날까지 이어지고 있는 이른바 '시집살이'를 말한다.

조선초기에 친영제 도입을 적극 주장한 정도전은 조선을 유교국가로 만들면서 고려 풍속을 개혁 대상으로 삼았다. 그는 처가살이에 대해 이렇게 비판하였다.

> 남자가 여자 집에 들어가는데 부인이 무지해 자기 부모의 사랑을 믿고 남편을 경멸하는 경우가 많았다. 교만하고 질투하는 마음이 날로 커져 마침내는 남편과 반목하는 지경에 이른다.
>
> _ 정도전, 『삼봉집三峰集』

시집살이는 원래 중국 전통이다. 중국은 철저한 부계친족 중심으로 가계를 계승하고 아들에게만 재산을 상속해 혼인하자마자 시집살이가 시작된 반면, 우리는 부계-모계를 함께 중시해서 아들딸에게 균등하게 재산을 상속했고, 처가살이라는 고유한 혼인 풍속을 오랫동안 지켜왔다. 그러나 친영제의 도입으로 여성들은 점차 재산권과 상속권을 잃고 지위도 하락하기 시작했다.

여성이 혼인을 하고도 친정살이를 한다는 것은 혼인생활에서 남편과 대등한 부부관계를 지속시킬 수 있는 여건이 마련되었음을 의미한다. 실제로 가사노동에 얽매이지 않는 부분도 있었을 것이다. 오늘날에도 처가살이하는 남편의 경우는 발언권을 행사하기 어려운 부분이 있는 것이 현실이다.

사임당과 동시대의 미암 유희춘(柳希春, 1513~1577)도 고향은 전남 해남이었지만 혼인 후 처가인 담양에서 계속 살았다.

친정 재산도 상속받고
호주 노릇도 한 조선의 여성들

16세기에는 사대부 여성들이 혼인 후에도 계속 친정에서 사는 경우가 많았기 때문에 비교적 자유롭게 생활하면서 자연히 친정의 대소사에도 관여했을 것이다. 가족이 모여 집안일을 할 때 중요한 것은 비용 문제다. 그리고 부모의 재산분배 문제도 중요한 안건이 된다.

사임당이 살았던 시대에 여성에게는 재산권이 있었을까?

여성이 자기 명의의 재산을 갖는다는 것은 사회적 지위와 직결되는 문제이고 그것은 오늘날에도 마찬가지다. 한 가정에서 누가 경제권을 갖고 있느냐에 따라, 또는 누구 명의의 재산이 많냐에 따라 가족끼리도 눈치를 보거나 무시하는 경우가 비일비재하다. 여성의 경우는 친정의 재산 유무에 따라 시집에서의 대우가 달라지며 아들보다 며느리가 경제력이 있을 때 시집 식구들의 태도가 판이하게 다른 것은 오늘날에도 일반적인 모습이다.

조선왕조 통치의 기틀이 된 기본 법전인 『경국대전經國大典』의 재산분배 조항을 보면 적자와 서자는 뚜렷하게 차별을 두지만 아들 딸에 대한 재산분배에서는 차별이 보이지 않는다.

우리나라는 기본적인 상속제가 자녀균분상속이었다. 장남, 차남, 아들, 딸 구분 없이 자식들에게 골고루 나누어주고 노비의 수나 땅의 비옥도까지 따져서 상속하였다. 여성은 혼인해도 친정 재산을 상속할 수 있었다.

「율곡선생남매분재기」. 이이의 남매들이 유산을 분배한 것인데, 『경국대전』규정에 의해 정하였다. 각종 제사와 수묘를 위한 토지와 노비를 배정하고, 나머지를 4남 3녀와 서모 권씨에게 배당한 토지·노비 등을 구체적으로 적은 다음, 끝에 문서 작성에 참여한 사람들의 이름을 쓰고 수결했다.

세종은 즉위한 해에 "혹시 부모가 죽은 후 한 어머니에게 태어나 가족이면서도 노비와 재산을 모두 가지려는 욕심에서 혼인한 여자에게 재산을 나눠주기를 꺼리는 자는 엄히 다스리도록 하라."고 했을 정도로 나라에서 혼인한 여자의 상속권을 보장해주었다. 따라서 조선초기 실록 기사에는 노비의 소유를 '아무개의 처 모씨 노비' 등과 같이 기재하였다.

한편 제사를 지내는 자식에게는 상속분의 5분의 1을 더 주었다. 또한 첩의 자식의 경우, 첩의 신분이 양인이면 적자의 7분의 1을, 천민이면 10분의 1만 상속하였다.

또한 「율곡선생남매분재기栗谷先生男妹分財記」를 보면 당시는 자녀 균분상속제였음을 알 수 있다.

가정嘉靖 45년 병인 5월 20일에 형제자매가 부모의 재산을 나누는 일을 의논함. 이 의논은 부모 양쪽의 토지와 노비를 분급하고

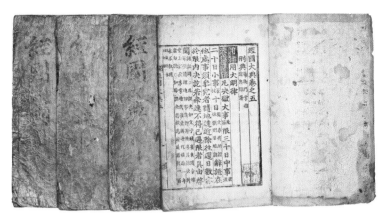

조선왕조의 근간을 이룬 법전 『경국대전』. 고려말부터 조선 성종까지 약 100년간에 반포된 제 법령諸法令, 교지教旨, 조례條例 및 관례慣例 따위를 총망라한 법전으로, 1485년(성종 16)에 간행하였다. 그 뒤로도 여러 차례 보완되었으나 기본 골격은 조선말까지 유지되었다.

누락된 노비를 찾아오는 사람에게는 먼저 일구一口를 준 후에 장 유長幼의 차례대로 『경국대전』에 의해 시행할 일. 이제 제사에 따 른 일들은 함께 의논하여 마련해서 다음에 기록할 일.

_『율곡선생남매분재기』서문

위의 내용은 어머니 사임당과 아버지 이원수의 재산을 모두 합 쳐 율곡과 그 남매들이 똑같이 나누어 갖는다는 것이다. 각각의 분재 몫을 보면, 토지는 20~40복卜으로 자녀들 사이에 차등이 있으 나 노비는 대개 15~16구로 균등하게 분배되었다. 토지 상속분에 차 이가 나는 것은 땅의 비옥도나 집안형편 등에 따른 것으로 보이며 특별히 아들, 딸에 대한 차등으로는 보이지 않는다. 이러한 자녀균 분상속은 16세기 당시 율곡 집안에서만 행해졌던 것이 아니다. 16 세기 대부분의 분재기는 이처럼 정확한 균분상속을 보여준다.

사임당의 어머니 용인 이씨 부인이 5명의 딸에게 재산을 나누어주면서 작성한 분재기. 제사를 받들 손자 현룡(見龍, 율곡의 어린 시절 이름)에게는 서울 수진방(오늘날 청진동)에 있는 집과 전답을, 묘소를 돌볼 손자 운홍雲鴻에게는 강릉 북평촌에 있는 집과 전답을 분배하였다. 분재 당사자인 사위 다섯 명이 모두 문서 작성에 참여, 수결을 하였다.

　　분재기는 당대에도 재산 소유권의 증빙자료로서 법적 효력을 가진 매우 중요한 기록이었다. 조선전기 『경국대전』 체제가 완성되면서 재산권 행사를 비롯한 법률적 행위에는 반드시 일정한 양식의 공문서와 사문서를 필요로 하게 되었는데, 분재기는 오늘날의 집문서나 땅문서와 같은 효력을 갖고 있었다.

　　「분재기」에 보면 각 재산이 아버지와 어머니, 어느 쪽에서 왔는지를 꼼꼼하게 기록하고 있는데, 이것은 남편과 아내가 재산을 별도로 관리하고 소유하였다는 중요한 사실을 말해준다. 즉 부부별산제夫婦別産制인 것이다.

　　조선시대에는 유산의 법정상속 비율을 정하고 문서양식을 통일했으며, 분재기도 가족 간에 의논하여 나눈 문서 이외에는 모두 관의 공증을 받게 했고, 문서에는 증인의 서명을 갖추게 했다. 또 전택과 노비를 상속받은 자는 관에 신고하여 증명받아야 했다.

　　한편 여성들은 혼인하면서 노비 등 재산을 따로 받았고 친정으로부터 받은 여성의 재산은 혼인 후에도 계속 자신의 것으로 인정받았다. 그 여성이 자녀 없이 세상을 떠나면 그 재산은 시집이 아닌 친정으로 돌아가도록 되어 있었다. 때문에 죽은 마누라의 재산도 마음대로 처분하지 못하고, 죽은 딸의 재산을 돌려달라는 처가와 못 주겠다고 버티는 사위가 재산상속분쟁을 벌이기도 했다.

당시에는 사위도 재산상속에서 아들과 같은 대우를 받았다. 재산상속에서 남녀간 균분, 즉 딸·아들 구분 없이 똑같이 상속하는 것이 관행이었다. 「분재기」 등 고문서를 보면 처가의 제사를 모시는 사위에게 재산을 분배하는 내용이 나온다.

현존하는 분재기를 살펴보면 김종직, 이언적, 이황, 이율곡 등 많은 유학자들이 외가나 처가의 재산을 상속받아 경제적인 부를 기반으로 학문에 전념할 수 있었음을 알 수 있다.

한 예로 퇴계 이황은 두 번의 장가로 처가로부터 재산을 물려받았으니 학문을 마음껏 펼칠 수 있었던 배경에는 명문가였던 어머니와 아내들과 며느리의 재산이 있었던 것이다. 퇴계 가문의 분재기를 보면 퇴계의 노비가 355명이나 되었다고 하니 부의 정도를 짐작할 수 있다. 따지고 보면 조선의 내로라하는 유학자들이 평생 경제적인 문제에 신경 쓰지 않고 학문에 전념할 수 있었던 것도, 때로는 관직에서 물러나도 생계를 걱정하지 않을 수 있었던 것도 모두 외가나 처가 덕이었다고 해도 과언이 아니다. 이런 현상은 오늘날에도 여전히 지속되고 있다.

한편 당시 여성들은 자신의 재산을 유지할 뿐 아니라 남편이 죽은 후에는 부인으로서 그 재산을 처분할 권리도 있었던 것으로 나타난다. 이는 아들이 아닌 부인이 호주를 승계했기 때문이다.

조선초기 여성의 호주 승계를 증언하는 귀중한 자료인 단성현 호적대장. 전체 호주의 11.1%가 여성이었고, 남편이 사망하면 아들이 아닌 부인이 호주를 잇는 사례가 전체 호주 승계의 93%였던 것으로 기록되어 있다.

그것을 단적으로 보여주는 자료가 있다. 단성현 호적은 단성(오늘날 경남 산청) 지역의 1678년부터 1789년까지의 호적대장으로 가장 오래된 호적인데, 거기에는 전체 호주의 11.1%가 여성이었고 남편이 사망하면 아들이 아닌 부인이 호주를 잇는 사례가 전체 호주 승계의 93%였던 것으로 나타나 있다.

세종대왕 며느리도 이혼하고
친정 재산 받았다

필자가 어렸을 때만 해도 '죽어서도 시집 귀신이 되어야 한다'는 소리를 흔히 들었다. 그러면 조선시대 여성들은 이혼을 할 수 없었을까?

그렇지 않았다. 조선전기까지만 해도 여성이 재혼은 물론, 세 번 네 번 혼인하는 경우도 있었다는 기록이 『태종실록』에 나온다. 또한 임금인 태종도 인본주의적 관점에서 재혼을 긍정적으로 보았다는 사실에 비추어보면 당대의 재혼의식이 개방적이었음을 짐작할 수 있다.

> 태종 15년 4월 사헌부에서 영돈녕부사 이지가 죽은 중추원부사 조화의 처를 아내로 맞아들인 것에 대해 탄핵하자 태종은 "처 없는 남자와 남편 없는 여자가 서로 혼인하려는 것을 왜 문책해야 하느냐?"
>
> _『태종실록』, 태종 15년 4월 29일

심지어 『세종실록』에는 유극경柳克敬의 아내가 음탕한 짓을 하여 이혼한 뒤 다른 사람에게 개가한 일이 있다고 기록되어 있을 정도로 여성의 재혼에 관대했다.

> 사헌부 감찰 황보원皇甫元의 딸이 별시위別侍衛 유극경에게 시집가서 음탕한 짓을 멋대로 하므로 유극경이 쫓아버렸더니, 또 다른 사람에게 개가하였으나 건달패와 가만히 간통하였는데, 원元이 능히 제집 일을 바로잡지 못하면서 풍헌風憲의 자리에 있어 당시 사람의 나무라는 바가 되었다.
>
> _『세종실록』, 세종 22년 7월 3일

한편 당대에 이혼과 재혼이 비교적 자유로웠던 풍습을 밝혀주는 문서가 하나 더 있다. 2012년에 해주 정씨 대종가의 고문헌에서 발견한 조선초기에 이혼한 여인 정씨의 「영응대군기별부인정씨분급문기永膺大君棄別夫人鄭氏分給文記」(1494)가 그것이다.

세종의 여덟 번째 아들인 영응대군(1434~1467)의 두 번째 부인 춘성부인春城府夫人 정씨는 이 문서에서 자신을 '이혼한 여인(기별부인)'이라고 칭한 뒤 도장을 찍었다. 이혼할 때 부부가 합의하에 작성한 계약서, 즉 이혼장을 당시에는 '기별명문棄別明文'이라 하였다. 조선초기에는 이혼을 기별棄別이라 했는데, 이혼한 여인 스스로 '기별부인'이라고 칭한 문서가 발견된 것은 처음이다. 이를 통해 조선초기에 이혼한 여인의 제사를 친정에서 맡았다는 사실도 밝혀졌다.

그런가하면 국가가 나서서 이혼시킨 사례도 있었다. 이혼 사유는 장인과 아내 구타였다.

의금부에서 아뢰기를, "한환韓懽이 아내 조씨를 구타한 죄는 율律이 장杖 80대에 해당되고, 비婢 길운吉云을 때려죽인 죄는 율이 장 60대에 도徒 1년에 해당되는데, 종중從重하여 결장決杖 60대에 도 1년입니다." 하니, 명하여 영돈녕 이상과 의정부에 의논하게 하였다.

윤필상 등이 아뢰기를 『지정조격至正條格』에 이르기를, '사위가 장인을 욕하면 그 아내가 이혼한다' 하였는데 지금 한환은 이미 장인을 구타하였으니, 이는 한환이 조지산을 장인으로 여기지 아니한 것이고, 조지산도 한환을 기꺼이 사위로 여기지 않는 것이며,

한환의 부부도 부부로 서로 대우하지 않고 있는 것입니다. 그러니 그 형편이 함께 살기가 어려우니, 할 수 없이 이혼시키자는 것입니다." 하니 전교하기를, "한환은 외방에 부처하고 그 아내는 이혼시키라."

_『성종실록』, 성종 21년 11월 4일

아내와 장인을 구타한 죄를 물어 국가가 나서서 부부를 '강제' 이혼시키고 유배까지 보낸 것이다. 현대인인 우리의 예상과는 달리 조선의 이혼 규정은 인륜을 바탕으로 했던 것이다. 그런데 요즘은 아내와 장인을 구타한다고 이혼하고 고위직 공무원 자리에서 해직되었다는 소리는 듣지도 못하였다. 물론 공무원의 사생활을 일일이 조사할 수도 없는 노릇이지만 말이다.

당시 여성의 이혼이 가능했던 가장 큰 요인은 경제력이었다. 이혼 후 생계를 위한 재산이 필요한 것은 동서고금을 막론하고 가장 중요한 문제다.

앞에서도 말했듯이 17세기 중엽 이전에는 딸과 아들 구분 없이 균분해서 상속하는 것이 관행이었다. 여성은 시집을 갔어도 친정에서 상속받은 자기 재산의 처분권을 가지고 있었다. 당시 재산의 중요 항목은 노비와 전답 등이었다. 이러한 상속권이 여성의 지위를 뒷받침하고, 나아가 이혼을 비교적 자유롭게 하는 중요한 요인이었을 것이다.

조선초기의 부부별산제를 뒷받침하는 문서로, 형조참판 정충경의 부인 여흥 민씨가 남편이 죽은 뒤 작은딸 정씨에게 노비를 상속하면서 작성한 '춘성부부인별급문기'가 있다. 내용을 보면 딸이 영웅대군에게 시집간 뒤 보낸 이 문서에는 남편 정충경의 재산을 '가옹변家翁邊', 부인 민씨의 재산을 '의변矣邊'으로 구분하여 민씨가 친정에서 가져온 재산을 자신이 별도로 관리했음을 보여준다. 그래서 앞에서 이혼 도장을 찍고 이혼녀(기별 부인)가 된 정씨 부인은 친정에서 받은 그녀 몫의 모든 재산을 도로 가지고 왔던 것이다.

조선시대 여성의 재혼이 사실상 금지된 것은 성종 때 『경국대전』에 과부재가금지법이 명문화되면서다. 1477년(성종 8) 7월부터 시행된 과부재가금지법은 여자는 한 번 시집가면 평생 재가하지 말아야 하며, 재가한 사대부 여자들의 자손을 관리로 쓰지 않음으로써 풍속을 바로잡아야 한다는 내용이었다.

> 재가하거나 실절한 부녀의 아들 및 손자, 서얼 자손은 문과, 생원, 진사시에 응시하지 못한다.
>
> _『경국대전』 권3, 「예전제과조禮典諸科條」

과부의 재가를 간접적으로 금한 것임을 알 수 있다. 재혼을 했다는 이유만으로 어머니가 자식들 출셋길에 걸림돌이 되다니, 여자들 입장에서 보면 얼마나 무시무시한 형벌인가? 그러니 어느 양반 여성이 재혼을 할 수 있었겠는가.

그런데 이 법의 제정 당시 신하 총 46명 중 42명이 재혼금지법을 반대하고 불과 4명만 찬성했다는 사실은 조선전기까지도 과부의 재혼에 대한 인식이 관대했음을 반증한다.

그럼에도 불구하고 사대부 여성의 재혼을 사실상 금지한 배경은 따로 있었다. 이른바 양반 출신 여성이 재혼해도 그 자식들이 과거에 응시하게 되면 관직 수는 일정한데 응시자가 점점 늘어나게 되니 경쟁률이 엄청 높아지는 것이다. 어찌 보면 남성 기득권층의 '갑질'이요 여성에 대한 인권유린이었다.

과부재가금지법은 처첩제도와 함께 조선의 대표적인 악법이었다. 따라서 1894년 동학농민전쟁에서 동학군이 내건 12개 폐정개혁안에 '과부재가 허용'이 들어 있었고 1895년 갑오개혁안에 과부재가를 허용한다는 내용이 채택되었다. 무려 400년 이상의 세월 동안 과부들은 합법적으로 '내 생에 두 번째 남자'를 만날 권리를 박탈당했던 것이다.

그러나 실제로 당시 명문가의 족보에 재혼하거나 세 번 혼인한 딸과 남편의 이름의 이름까지 올린 것을 보면 나라에서 법으로 정하였다고는 하나 고려대부터 내려온 습속이 일상에서 유지되고 있었음을 알 수 있다.

한편 임진왜란(1592)과 병자호란(1636)의 두 차례 큰 전쟁을 겪으면서 조선사회는 신분제의 동요가 일어나자 향촌 사대부를 중심으로 성리학적 지배체제가 정착하기 시작하였다. 17세기 중엽 이후가 되면서 양반댁 여성의 재가가 가문의 명예를 손상하고 자식들의 벼슬길을 막는다 하여 수절을 강요받게 되었던 것이다.

우리나라 최초의 족보인 안동 권씨의 『성화보成化譜』를 보면 고려시대 여성과 남성의 동등한 지위가 조선전기에 존속되었음을 알 수 있다. 약 9,000명의 인물이 등재된 족보에 자녀가 남녀를 불문하고 출생 순으로 기입되어 있고, 사위 이름까지 올라가 있다. 그리고 '딸의 후부後夫'라는 표현이 나온다.

'여부 이수득女夫李壽得'과 '후부 염제신後夫廉悌臣'은 모두 안동 권씨 권한공의 사위들이다. 권한공의 큰딸 권씨의 첫 번째 남편이 이수득이고 재혼한 남편이 염제신인데 이혼한 부인의 전 남편이 전부前夫, 뒤의 남편이 후부後夫라고 기재되어 있다. 앞에서 나타난 기록에서처럼 자신을 기별부인이라고 밝히는 경우나 호적에 딸의 전부, 후부라고 올린 것을 보면 조선전기에는 여성의 이혼이나 재혼에 대해 사회적 제약이 없었음을 알 수 있다.

과부의 재가금지법은 과부는 남편이 죽으면 정절을 지켜야 한다는 정절 이데올로기를 만들었다. 국가에서는 수절하는 과부를 열녀烈女라 칭하며 열녀를 낸 가문은 세금과 더불어 군역과 요역을 면제하고 포상과 신분상승의 기회까지 주면서 장려하였다.

그런데 임진왜란과 병자호란을 거치면서 조선후기가 되면 과부는 수절이 아닌 목숨을 끊어야 열녀로 인정을 받았다. 수절도 성에 차지 않았는지 자결을 해야만 열녀로 인정받게 된 것이다. 가문의 명예와 실질적인 혜택을 받기 위해 살인을 하면서 딸을 열녀로 만든 경우도 많았고 수많은 여성들이 왜곡된 열녀제도의 희생양이 되었다. 여성의 노리개인 은장도는 원래 호신용이었는데 나중에는 자살 도구가 되었다.

조선후기의 실학자 박지원(朴趾源, 1737~1805)이 『열녀함양박씨전烈女咸陽朴氏傳』을 통해 과부의 재가금지법을 통렬하게 비판한 것도 이 때문이었다.

내용은 과부의 아들이 높은 벼슬을 하였는데 어떤 사람이 아들의 벼슬길을 막으려고 그의 선조에 과부가 있었다는 풍문을 들었다고 했다. 그러자 그 어머니가 20년 동안 수절하며 밤마다 굴려서 글자조차 보이지 않게 닳아 얇아진 상평통보常平通寶를 보여주었다. 이야기를 들은 아들은 어머니와 서로 껴안고 울었다.

그러나 아무리 제도로 억압한다 해도 인간의 본능은 막을 수 없기에 나라에서는 『열녀전』을 읽으라고 강요해도 실제 현실은 달랐던 것이다. '열녀전 끼고 서방질하기'라는 속담이 그래서 생겨난 것 아닐까.

아들이든 딸이든, 친손이든 외손이든, 제사만 지내면 되지

16세기에는 자녀균분상속과 더불어 아들 딸 구별 없이 제사를 지내는 윤회봉사輪回奉祀와 분할봉사分割奉祀가 일반적이었다. 윤회봉사는 부모의 제사를 자식들이 순번을 정하여 지내는 것이었고, 분할봉사는 자식들이 나누어 지내는 제사였다. 그러다가 조선후기에 이르러서 각 지역마다 문중이 형성되고 종손을 중심으로 조직화되면서 종손이 제사를 주관하게 되었다.

조선시대에는 제사도 많았고 그러므로 당연히 비용도 만만치 않았기 때문에 제사에 따른 상속을 하였다. 「율곡선생남매분재기」 서문에 보면 친손자녀는 물론 외손자녀까지 제사를 공동으로 담당했음을 알 수 있다. 여기서 '윤행'이란 윤회봉사를 말한다.

> 무릇 기제사忌祭祀는 윤행輪行하지 않고 종자宗子 집에서 행하되 매
> 년 자손들이 각기 쌀을 내서 제사를 돕고 친자녀는 10두를 내고
> 친손자녀는 5두를 내고 친증손자녀와 외손자녀는 2두를 낼 일.
>
> _「율곡선생남매분재기」서문

딸과 사위가 부모의 제사에 참여하였기 때문에 이들이 세상을
떠나면 그들의 자식, 즉 외손이 외조부모 제사를 지내는 외손봉사
外孫奉祀가 자연스럽게 행해졌다. 앞에서 사임당의 모친인 이씨 부인
이 분재기에서 외손자인 이율곡에게도 재산을 나누어주는 대목이
있는데 율곡은 재산상속과 함께 제사도 지내주었던 것이다. 그리
고 유희춘은 부인 송덕봉이 3남 2녀의 막내인데 친정 부모의 제사
도 직접 지냈다고 『미암일기眉巖日記』에 기록하고 있다.

외손봉사는 유교적 종법제도에 의한 친손봉사가 확립되기 이전
까지 행해지던 제사를 이어가는 것이다. 직계 비속의 대가 끊겨 더
이상 친손이 제사를 잇지 못할 경우에 딸의 남편이나 자손에게 재
산을 물려주고 제사를 지내게 한 풍습이다. 그런데 현존하는 가장
오래된 족보 『성화보』에는 양자養子 기록이 보이지 않는다. 『세종실
록』 또한 다른 사람의 아들을 빌어서, 말하자면 양자를 들여서 후
사를 삼는 사람이 없다고 말하고 있다.

지금 세상의 풍속에는 비록 봉사奉祀할 아들이 없더라도, 만약

딸의 자손이 있으면 다른 사람의 아들을 빌어서 후사를 삼는 사람은 한 사람도 없다.

_『세종실록』, 세종 24년 8월 14일

외손봉사의 풍습은 안동 지역에서 전해 내려오는 여러 기록물에서도 발견된다.

처가의 고향에서 살며 재산을 물려받은 외손들은 집성촌을 이루게 되는데 안동의 의성 김씨 집성촌이나 경북 예천군 안동 권씨 집성촌이 그런 경우에 속한다.

오죽헌은 사임당의 외증조부가 지은 것인데 외조부에게 상속하였고 외조부인 이사온은 신사임당의 아버지 신명화에게, 그리고 아들이 없던 신명화는 넷째 사위에게 물려주었다(권화의 아들 권처균이 나중에 물려받는다).

오늘날 장자 중심의 호주제나 제사는 17세기 중반에 확립되었으나 고려대의 풍습인 외손봉사는 몇 백 년에 걸쳐 전승된 풍습이었던 것이다.

2008년 호주제가 폐지되었다. 당시 유림들은 "호주제 폐지와 호적부 말살은 그 자체가 가문의 단절이요 역사의 파괴"라며 결사반대했다. 그러나 역사적으로 호주제는 요역을 부과하고 신분을 구분하고 확인하기 위한 국가 통제체제였다. 폐지된 호주제는 일제 식민시대의 호적제도가 그대로 존속된 것일 뿐이었다. 또한 일제 강점기 호주제의 목적은 오직 식민지 지배와 수탈을 효율적으로 통제하기 위한 것에 있었다.

기산풍속화 중 「초상 치르기」. 조선시대에는 제사가 많았고, 당연히 비용도 많이 들었다. 그래서 제사를 모시는 자손에게 보상(?)으로 더 많은 재산을 물려주었다. 또한 친손자녀는 물론, 외손자녀까지 제사를 공동으로 담당했다.

한마디로 남성 중심의 가부장적이며 여성을 억압하는 호주제가 전통적인 제도라고 주장했던 유림들의 인식은 17세기 조선의 사회를 알지 못하는 무지의 산물인 동시에 일제가 던져 놓은 그물을 금줄인 줄 알고 휘감고 있었던 셈이다.

요즘은 '신모계사회'라는 말이 나올 정도로 혼인해서 처가살이를 하거나 친정 근처에서 거주하는 가정이 많아지면서 친가보다 외가와 친하고 고모보다 이모와 더 가깝게 지내는 형편이다. 즉 부계의식이 약화되는 것은 자연스런 현상이다. 더구나 가장의 권위가 상실되고 양성평등의식이 팽배해지면서 가부장적이고 불평등한 수직적 가족관계는 소멸될 수밖에 없다.

16세기의 조선 사회의 모습은 우리가 그동안 얼마나 우리 역사를 모르고 있었는지를 보여주는 반증이라 할 수 있다. 신사임당이 살았던 시기는 그런 시대였다. 지금까지 살펴본 조선전기 일반적인 여성의 상황을 토대로 사임당이라는 한 여성의 삶 속으로 들어가 보자.

2장.

소녀, 뜻을 세우고 당호를 짓다

여성 군자의 꿈

방안 가득 퍼진 은은한 묵향이 상쾌하게 코끝에 스며들었다.

먹을 갈던 하얗고 가냘픈 손이 조용히 멎었다.

소녀는 먹을 놓고 두 손을 단정히 모으고 꼿꼿하게 앉았다.

열린 방문을 통해 불어온 한 줄기 바람이

미동도 하지 않고 앉아 있는 소녀의 하얀 이마를 어루만지고 지나갔다.

앳된 얼굴, 까만 머리카락을 곱게 땋아 내린 소녀는 두 눈을 살포시 감았다.

시간이 얼마나 지났을까. 소녀가 천천히 눈을 떴다.

반짝, 총명해 보이는 검은 눈동자가 빛났다.

붓을 들어 먹이 흠뻑 적셔지도록 한참을 머물렀다.

눈이 부실 정도로 하얀 종이가 눈앞에 있었다.

소녀는 단숨에 써내려갔다.

사임당.

붓을 놓은 소녀의 얼굴이 부끄러움과 대견함으로 발갛게 물들었다.

어여쁜 우리 딸,
경전 공부하자꾸나

사임당(1504~1551)은 연산군 집권 말기인 1504년에 강릉 북평촌에서 태어났다. 아버지 신명화(申命和, 1476~1522)와 어머니 이씨 부인 사이에 난 다섯 딸 중 둘째였다.

신명화는 태조 대의 건국공신이던 신숭겸申崇謙의 18대손으로 영월군수를 지낸 신숙권申叔權의 아들이었고, 이씨 부인은 강릉 지방의 명문인 참판 최응현의 외손녀였다. 이씨 부인의 아버지 이사온은 생원으로 벼슬은 하지 못했다. 이씨 부인도 무남독녀였기 때문에 친정에서 일생을 마쳤다.

사임당의 생애에서 가장 중요한 배경은 외조부모가 부모와 함께 살았던 가정환경에 있었다고 볼 수 있다. 물론 고려시대 이후 16세기까지도 여성이 혼인하여 친정살이를 하는 것은 일상적인 풍경이었으나 모녀 3대가 같이 산다는 것은 특별한 경우에 속한다고 할 수 있다.

아버지 신명화는 한양에서 태어났으며 천성이 순박하고 강직하였고 학문과 인격이 뛰어나 선비로서의 기개와 지조가 굳은 인물로 정평이 나 있었다. 신명화는 아버지가 세상을 뜨자 당시 왕이었던 연산군이 제정한 지엄한 국법이었던 단상법[3]을 어기면서까지 무덤 앞에 움막을 짓고 3년 동안 시묘살이를 할 정도로 효심이 대단했다.

> 연산군 때 신명화는 상喪을 당했는데 당시 단상短喪하라는 명이 엄했지만 끝까지 예禮를 그만두지 않고 상복에 수질과 요질[4]로 여묘살이를 하며 죽을 마시고 몹시 야위어가면서 몸소 밥을 지어 상식을 드리고 3년 동안 슬픔을 극진히 다하였다.
>
> _ 이이, 「외조고진사신공명화행장外祖考進士申公命和行狀」

그의 강직한 성품을 보여주는 일화가 있다. 그의 장인 되는 이사온이 친구와 약속을 하였는데 갑작스런 일로 지킬 수 없게 되자

3   短喪法, 상을 1년으로 하는 법

4   수질首絰은 상제가 머리에 쓰는 관에 두르는 삼 껍질로 감은 띠이고 요질腰絰은 상복을 입을 때 허리에 두르는 띠.

사위인 신명화에게 신병으로 갈 수 없다는 변명의 편지를 부탁하였다. 그러나 신명화는 아무리 장인의 부탁이라도 그런 거짓 편지는 쓸 수 없다고 단호하게 거절했다.

과거에 급제한 것은 41세로, 중종 때였는데 여러 인사들이 그를 천거하였으나 이를 사양하고 학문에만 힘썼다.

일반적으로 조선시대에 남아로 태어나면 공부를 하고 과거에 급제하여 벼슬길에 나아가 입신양명하는 것이 사대부의 보편적이고 이상적인 삶이었다. 그런데 왜 신명화는 오랜 공부 끝에 과거에 급제했음에도 불구하고 벼슬을 마다하고 처가인 강릉과 한양을 오가며 학문에만 열중했을까?

율곡은 외조부모가 16년을 떨어져 살았고 외조부가 강릉과 서울을 오갔다고 적고 있다. 신명화의 아버지 신숙권은 태종의 딸인 정선공주의 외손자였다. 태종은 원경왕후 민씨와 그의 처남들 도움으로 왕위에 올랐으나 민씨들의 세력이 커지는 걸 막고자 하였고 4남 4녀 중 막내딸인 정선공주를 일부러 보잘것없는 가문으로 시집보냈다고 한다.

추측컨대 신명화는 아버지로부터 태조와 태종 연간에 있었던 왕자의 난과 남이장군의 비극에 대한 역사를 들었을 것이다. 따라서 왕권쟁탈전과 조정 관료들의 정쟁에 대해 비판적 시각을 가졌을 것이며 뒤이어 연산군의 폭정이 계속되던 시대에 살면서 난세에 벼슬길에 나서기보다는 학문을 수양의 방편으로 삼았을 것이라고 짐작할 수 있다.

사임당이 태어난 1504년은 무오사화의 피바람으로 수많은 선비

강원도 강릉시에 있는 율곡 이이의 생가인 오죽헌. 조선시대 중기의 양반집 모습을 보존한 희귀한 예로서 주심포柱心包 계통의 청순하고 소박한 팔작집이다. 뒤뜰에 검은 대나무가 자라고 있어 오죽헌이란 이름이 붙었다.

들이 죽어나간 지 6년, 또 한 번 신진선비들이 도륙당한 갑자사화[5]가 일어난 해였다.

사임당의 외조부 이사온은 일찍부터 강릉 북평에 자리 잡아 오죽헌을 물려받았다. 오죽헌은 최응현의 고택에 딸린 별당이다. 사임당은 외가인 오죽헌에서 태어나 외조부인 이사온과 외조모 최씨

5 무오사화는 1498년 『성종실록』 편찬 때 김종직이 쓴 「조의제문弔義帝文」과, 훈구파 이극돈이 세조비 정희왕후의 국상 때 전라감사로 있으면서 기생과 어울렸다는 불미스러운 사실을 사초에 올린 것이 직접적인 동기가 되어 신진사류에 대한 참혹한 박해를 빚어낸 사건이다. 갑자사화는 1504년(연산군 10)에 연산군이 어머니 윤씨의 폐비 사건과 관련된 신하들을 학살한 사건. 연산군의 생모 윤씨가 폐위되어 사약을 받고 죽은 일을 알게 된 연산군은 이를 빌미로 자기를 견제하는 훈구들과 사림들을 제거하려 획책하였으므로 더욱 확대되어 폐위 사건 당시 이를 주장하거나 방관한 사람들을 찾아 죽이거나 유배 보냈다.

부인, 어머니 밑에서 성장하였으니 자연스럽게 외가의 영향을 받았을 것이다. 그리고 아버지 신명화는 그의 강직한 성품으로 미루어보면 연산군 같은 폭군 밑에서는 벼슬을 하지 않겠다는 결심을 했을 것이다. 아버지의 이런 성품은 사임당에게 많은 영향을 끼쳤다. 사임당의 일생을 살펴보면 아버지로부터 선비로서의 학식과 강직한 기질을, 어머니로부터 따뜻하고 자애로운 성품을 물려받았음을 알 수 있다.

사임당의 외조부인 이사온은 자신의 처가에도 여성이 글을 배우고 시를 짓던 것을 알고 있었기에 무남독녀인 사임당의 어머니 이씨에게도 글을 가르쳤던 것으로 보인다. 따라서 외손녀 중에서도 재능이 뛰어난 사임당에게 경전 공부를 시켰음을 짐작할 수 있다. 아버지 신명화 역시 그러한 장인의 뜻을 따라서 여자아이가 글공부하는 것을 후원했던 것으로 보인다.

남편이 앓아눕자
7일 밤낮을 기도한 어머니

사임당이 외조부와 아버지에게 학문을 배웠다면 어머니 이씨 부인에게서는 효행을 익혔다고 할 수 있다. 이씨 부인의 일생은 율곡이 기록한 「이씨감천기李氏感天記」나 「외조비이씨묘지명外祖妣李氏墓誌銘」 등을 통해 비교적 자세히 살펴볼 수 있다.

용인 이씨 대동보에 기록된 「이씨감천기」를 보면 사임당이 어머니의 성품을 많이 닮았음을 짐작할 수 있다.

> 타고난 자질이 순수하고 맑았으며, 행동거지가 침착하고 조용하
> 셨다. 말을 앞세우지 않고 행하는데 민첩하였으며, 일에는 신중
> 을 기하였지만 선한 일을 하는 데는 과단성이 있었다. 약간 학문
> 을 알아『삼강행실』을 구송하였으며 문장으로써 학문을 삼지 않
> 았다.
>
> _ 이이, 「이씨감천기」

이씨 부인은 어려서 외가가 있는 강릉에서 살았지만, 신명화에
게 시집 가서는 시부모가 계시는 한성으로 가서 시부모를 모셨다.
그러나 모친 최씨가 병환을 앓게 되자 외동딸인 이씨는 모친을 간
호하기 위하여 강릉으로 돌아왔다. 그리고 극진한 간호로 온 동네
에 칭찬이 자자했다.

> 한 번은 진사(신명화)가 강릉으로 찾아와 서울로 돌아가자 하니
> 이씨가 눈물을 흘리면서 "여자는 삼종지도가 있으니 분부를 어
> 길 수 없습니다. 그러나 저의 부모가 모두 노쇠하시고 저는 바로
> 외동딸이니 제가 없게 되면 부모님은 누구를 의지하겠습니까?
> 더구나 당신의 모친께서도 오랜 병환으로 탕약을 끊지 못하시니
> 어찌 차마 버리고 떠나겠습니까? 제가 애통하여 눈물 흘리며 우
> 는 것은 오직 이 때문입니다. 이제 당신은 서울로 가시고 저는 시
> 골에 머물면서 각각 노친을 모시는 것이 어떠하겠습니까?" 하였

사임당 친가 가계도

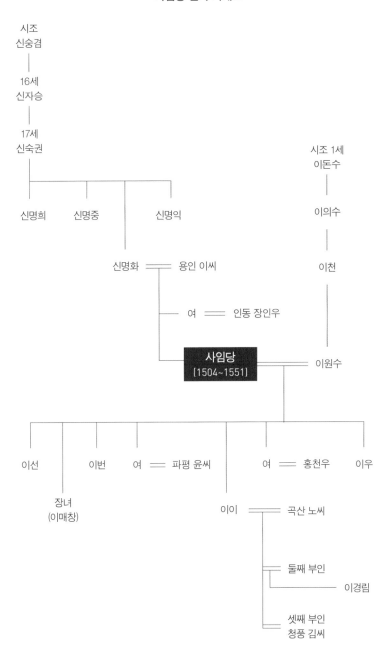

시조
신숭겸

16세
신자승

17세
신숙권

신명희　　신명중　　　　신명익

신명화 ═══ 용인 이씨

시조 1세
이돈수

이의수

이천

여 ═══ 인동 장인우

사임당
(1504~1551) ━━━ 이원수

이선　　　　이번　　　여 ═══ 파평 윤씨　　　여 ═══ 홍천우　　이우

장녀
(이매창)

이이 ═══ 곡산 노씨

둘째 부인
　　　　이경림

셋째 부인
청풍 김씨

다. 그러자 진사도 감동하여 눈물을 흘리고 부인의 말을 따랐다.

또한 1521년에 이씨의 모친 최씨가 돌아가셨을 때, 진사가 서울을 떠나 강릉으로 가다가 여주에서 부음을 듣고 매우 슬퍼한 나머지 냉증이 머리에 발생했다. 쉬면서 몸조리를 해야 하지만 진사는 급한 마음에 걸음을 서둘렀고 강릉에 도착하였을 때에는 거의 죽음을 피하지 못할 정도에 이르렀다.

이씨는 막 모친상을 겪은 상태에서 다시 갑작스럽고 괴이한 재액災厄을 만났지만, 정성을 다하여 외증조부 최치운의 무덤 앞에 분향하며 7일 밤낮을 눈 한 번 붙이지 않고 간절히 기도하였다.

"하늘이시여, 하늘이시여, 착한 이에게 복을 주고 악한 자에게 화를 내리심은 하늘의 이치이옵니다. 그리고 선행을 쌓고 악행을 거듭하는 것은 사람의 일이옵니다. 이제 제 남편은 지조를 지켜왔고 사악한 행동이 없었사오며 모든 행실에 흉악한 점은 하나도 없었사옵니다.

제 남편은 아버지를 여의고서 무덤 곁에 묘막을 치고 3년을 거하며 나물만 먹으면서 효성을 다했사옵니다. 하늘이 만약 알아 계시다면 응당 모든 선악을 살피실 터이온데 어찌하여 이 같은 화를 내리십니까? 이제 막 어머니를 여의었는데 또 이같이 남편의 병조차 위독하오니 외로운 이 몸이 장차 어디에 의탁하오리까?

원하옵건대 하늘과 사람이 한 이치속이라 조금도 틈이 없사온즉 이 사정을 굽어살피소서. 저의 정성이 모자라 이 지경이 되었사옵니다. 몸뚱이나 머리터럭 하나까지도 모두가 부모에게서 받은 것이라 감히 훼상하지 못한다 하옵지마는 내 하늘은 남편인데

사임당 외가 가계도

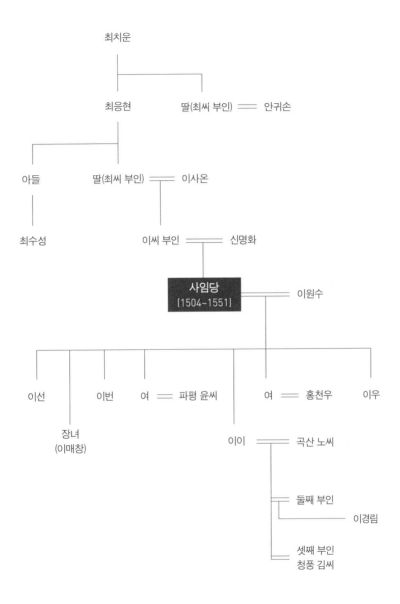

하늘로 삼는 이가 무너진다면 어찌 홀로 산다 하오니까? 원컨대 제 몸으로써 남편의 목숨을 대신하고 싶사오니 하늘이시여! 저의 정성을 굽어살피소서! 외증조부님! 살아서 어진 신하였으매 죽어서 맑은 영혼이 되었사오이다. 하느님께 아뢰시어 저의 정성을 통달하게 해주소서."

_ 이이, 『이씨감천기』

다음 날 사임당이 이씨를 모시고 앉았다가 설핏 잠들었는데 하늘에서 대추씨만한 크기의 약이 내려오고 이를 신인神人이 받아서 아버지에게 먹이는 꿈을 꾸었다. 그리고 아버지 신명화도 꿈속에서 신인이 나타나서 "마땅히 낫게 하리라." 하는 말을 들었다. 다음 날 신명화가 홀연히 병을 떨치고 일어나자 마을 사람들이 모두 놀라고 탄식하여 지극한 정성으로 이룬 일이라고 여겼다. 그리고 이 일이 조정에 알려져서 중종은 정문旌門을 세우고 호역戶役을 면제하도록 명했다(『동국여지승람東國輿地勝覽』, 「강릉조江陵條」).

이처럼 부모를 섬기고 지아비를 공경하는 일에 최선을 다했던 이씨 부인에 대하여 율곡은 이렇게 말한다.

이씨는 나의 외조모이시다. 부자의 사이와 부부의 관계에 있어서 힘써서 인예仁禮로써 행동하였으니, 참으로 이른바 부도婦道를 잘 실천한 분이다. 마땅히 부인들이 규범으로 삼아야 할 것이다. 부부의 정분이 두텁지 않은 것이 아니었으나 어버이를 모시기 위하여 16여 년을 떨어져 사셨고, 진사(신명화)께서 질병이 나셨을 적에는 마침내 지성으로 하늘에 빌어 하늘의 뜻을 감동시켰으니, 빼어난 사람의 행실과 고인古人을 뛰어넘는 절의節義가 아니라면 어찌 이렇게 할 수 있겠는가? 만약 사군자士君子에 배열되어 임금과 아비의 사이에 처하게 하였다면 충효를 갖추고서 국가를 바로 잡았을 것임을 여기서 알 수 있도다.

_ 이이, 『이씨감천기』

율곡은 외조모인 이씨 부인이 사대부로 태어났으면 충효로 국가의 큰 인물이 되었을 것이라고 여겼던 것이다. 어머니 사임당과 마찬가지로 외가인 오죽헌에서 나고 자란 율곡은 사임당이 죽은 후에도 외조모에 대한 정이 남달랐다. 이씨 부인은 율곡에게도 재산을 상속하였고 그는 외조모의 제사를 지냈다.

율곡의 인격 형성에 큰 영향을 미쳤던 어머니 사임당은 율곡의 나이 16세에 세상을 떠난다. 이후 율곡은 계속되는 슬픔 속에서 3년 시묘를 마친 후 잠시 세상을 등지고 금강산에 들어갔다가 일년 뒤에 하산하여 외가가 있는 강릉으로 내려온다. 그리고 어머니 대신 90세가 넘게 살았던 외조모에게 효를 다한다.

율곡은 33세인 무진년(1568) 11월에 이조좌랑吏曹佐郎에 임명되었으나 외조모 이씨가 아프다는 소식을 듣자마자 사표를 던지고 강릉으로 떠났다. 이 일로 인하여 사간원司諫院은 율곡을 파직할 것을 청하였으나 선조는 "외조外祖라 하더라도 정리情理가 깊으면 어찌 가보지 않을 수 있겠는가? 효행의 일로 파직시키는 것은 너무 지나치다."라고 윤허하지 않았다. 그리고 다음 해인 기사년(1569) 6월에 선조는 다시 율곡에게 홍문관 교리를 제수한다. 이에 율곡은 외조모의 봉양을 위하여 교리를 사직하는「사교리진辭校理陳」을 올린다.

그러나 상소를 읽은 선조는 윤허하지 않았다. 율곡은 7월에 다시 선조로부터 소명을 받고 강릉에서 서울로 돌아오지만, 8월에는 다시 강릉으로 돌아가기 위하여「사교리잉辭校理仍 진정소陳情疎」를 올려 사직을 청한다. 그러나 이 또한 윤허되지 않았다.

율곡은 10월에 다시 외조모의 봉양을 위해 사직을 간청하여 선조로부터 휴가를 받는다. 그리고 강릉으로 가는 도중에 외조모의 부음을 듣는다. 결국 외조모의 병 소식을 들은 무진년 11월부터 율곡에게는 노쇠한 외조모의 봉양이 어떤 다른 것보다 중요하고 우선되는 일이었던 것이다.

율곡은 자주 외조모에 대한 정감을 극진히 펼치는데「사교리잉 진정소」에서도 외조모를 "실로 친어머니와 같다."고 하였으며「제외조모이씨문祭外祖母李氏文」에 "할머니 손자관계는 그 명목이요 모자가 그 실정이다."라고 하였다. 한마디로 일찍 어머니를 잃은 율곡에게 외할머니는 스승과도 같았던 어머니의 빈자리를 채워준 존재였던 것이다.

율곡은 애끓는 심정을 다음과 같이 표현하고 있다.

외조모는 올해 나이가 아흔으로 사실 날이 멀지 않았고 병이 몸에서 떠나지 않아 오랫동안 병석에 계셨습니다. 몸은 벼슬에 매여 있어 찾아가 뵈올 길이 없었고, 하루아침에 갑자기 운명하신다면 지울 수 없는 아픔이 될까 매우 두려웠습니다. 그래서 병환을 이유로 (무진년에) 벼슬을 그만두고 급히 강릉으로 돌아와 간병하며 약 시중을 들게 되었습니다. 외조모님은 거동이 사람의 도움을 필요로 하고 기력을 근근이 부지하고 계십니다. 갑자기 타계하시어 다시 회생하지 못할까 염려스러워 차마 곁을 떠나지 못하고 아직도 서울로 돌아가지 못하고 있습니다.

_ 「사교리잉 진정소」

자신이 무진년 11월에 벼슬을 버리고 강릉으로 오게 된 연유와 기사년 6월에 제수된 교리校理를 사직해야만 하는 정황을 선조에게 설명한 것이다. 그러나 상소는 윤허되지 않았고 율곡은 외조모의 임종을 지키지 못했다.

이씨 부인이 세상을 떠나자 율곡은 제문祭文에서 "어버이 못 모신 슬픔을 안고 오직 한 분 할머니를 받들었는데 자나 깨나 가슴 속에 계시옵더니 이제 또 나를 버리십니까?" 하고 애통해하였다.

위 내용들을 보면 율곡이라는 대학자가 학문을 성취하는 데 있어 그 근본은 효에서 출발하였으며 효는 책에서 배우는 것이 아니라 몸으로 익히는 것이며 이는 부모로부터 배우는 것임을 알 수 있다. 또한 이씨 부인은 사임당에서 율곡까지 많은 영향을 끼칠 만큼 덕행이 깊었음을 알 수 있다.

참고로, 율곡이 헌신짝처럼 내팽개친 이조좌랑이라는 자리에 대해 간단히 알아보자. 조선시대에 이조좌랑은 이조의 6품이니 요즘으로 치면 행정안전부의 과장급이지만 사간원과 사헌부 관리 임명 추천권을 갖고 있어서 홍문관에서도 가장 똑똑하고 덕망 있는 사람이 뽑혔다. 그래서 그 자리는 '관직의 꽃'이라고 불렸다. 그리고 이조판서를 비롯해 누구에게도 간섭받지 않는 독립적인 인사권을 갖고 있었다. 큰 과오가 없는 한 삼공육경(三公六卿, 삼정승과 육판서)까지 출세가 보장된 자리였다. 요즘으로 보면 장관까지는 올라갈 수 있는 자리인 것이다.

그런데 그 자리를 박차고 외조모 병구완을 하겠다고 강릉으로 달려갔으니 사간원에서 이 맹랑한 젊은이를 파직하라고 상소를 올린 것도 무리는 아니었다. 조선시대에 몇 백 년에 걸친 당쟁은 이조전랑 자리싸움이라 할 정도로 이조전랑이 중요한 직책이었기 때문이다.

생각해보면 조선시대 삼각형 구도의 인사시스템은 현재의 대통령제 인사보다 훨씬 합리적이고 선진적이었던 것 같다. 국정운영에 있어 인사 문제는 가장 시급하고도 중요하며 한 나라의 부정부패는 인사권의 전횡에서 비롯된다고 해도 지나친 말이 아니다. 그런데 요즘 만약에 행정부 과장이 외할머니 병구완한다고 사표를 쓰고 나온다면 그 효를 칭찬할 사람이 어디 있겠는가. 효보다는 가족의 생계부터 걱정하게 될 것이다.

따지고 보면 율곡이 지극한 효심을 펼칠 수 있었던 것도 사임당 친정의 경제력이 뒷받침되었기에 가능한 일이긴 하였으나 사대부로서 출세가 보장된 관직을 내던지고 나오기는 쉽지 않다. 이는 외할아버지인 신명화가 과거에 급제하고도 벼슬길에 나서지 않은 것처럼 명예와 출세보다는 의리와 지조를 중시하는 가풍의 영향도 있었을 것이다.

율곡이 여러 번 사직을 청한 데에는 다른 이유도 있을 듯하다. 율곡은 선조 임금을 역대 어느 군왕 못지않게 성군으로 만들어 부국강병과 태평성대를 열려고 꿈꿨던 것으로 보인다. 그러나 선조는 율곡의 학식과 충정을 이해하고 있으면서도 완전히 신임하지는 않았다. 선조는 서자 출신으로 왕이 된 최초의 임금이다. 따라서 태생에 대한 콤플렉스가 있었기 때문에 어느 누구도 전적으로 신뢰하지 않았다. 친아들인 광해군조차 자신의 왕위를 노리는 대상으로 여겨 여러 번 본심을 떠보려고 했던 인물이었다.

율곡이 세종대왕이나 정조대왕 시대에 관직을 맡았다면 어땠을까? 율곡은 자신의 뜻을 펼칠 수 없다는 실망감이 들 때마다 자신이나 외조모의 병을 핑계로 사직을 청했다고 볼 수 있다. 당시 동인과 서인의 정쟁政爭에 피로감을 느꼈던 것도 이유 중 하나가 될 것이다.

소녀의 꿈,
"어떻게 살 것인가?"

소녀 사임당은 일찍이 경전을 배우면서 자신의 인생에 대해 많은 고민을 했을 것이다. 총명하고 재주가 많은 소녀가 어찌 포부가 없었을까. 그러나 여성의 몸으로 태어났으니 아무리 학식이 높아도 과거를 볼 수 없고 자신의 뜻을 펼칠 기회가 없었으니 좌절감도 맛보았을 것이다.

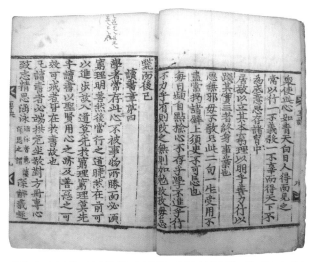

율곡이 어머니의 가르침을 받들어 '뜻을 세우는' 것을 강조한 내용이 담긴 『격몽요결』. 조선시대 수양 입문서 가운데 최고의 책으로, 송시열의 아버지가 송시열에게 읽혔고 정약용도 아들에게 읽혔을 만큼 조선후기 사대부의 필독서였다.

훗날 일곱 자녀의 어머니가 된 사임당은 자녀들에게 뜻을 세우고 뜻을 세웠으면 어떤 어려움이 있더라도 반드시 그것을 이루고자 하는 의지를 가져야 한다고 강조했다. 맏아들 선이 여러 차례 과거에 낙방했을 때에도 벼슬자리에 연연하는 것보다 뜻을 세우는 것이 중요하다고 일렀다.

그러면 뜻을 세운다는 것은 과연 무엇인가?

공자는 『논어』에서 "도에 뜻을 두고 덕을 지키며, 인에 의지하고 예를 체득하라."고 하였으니 어떤 일을 하는 데 있어 확고한 마음가짐을 의미한다. 율곡이 『격몽요결擊蒙要訣』「입지장立志章」 제1장에서 말한 것도 이와 같은 맥락으로 봐야 할 것이다.

처음 배우는 사람은 모름지기 뜻을 세우되, 반드시 성인이 되겠다고 스스로 기약하여, 털끝만큼이라도 자신을 작게 여겨서 물러서고 미루려는 생각을 가져서는 안 된다.

보통사람이나 성인이나 그 본성은 마찬가지이다. 비록 기질은 맑고 흐림과 순수하고 잡됨의 차이가 없을 수 없지만, 만약 참되게 알고 실천하여 옛날에 물든 나쁜 습관을 버리고 그 본성의 처음을 회복한다면 털끝만큼도 보태지 않고서 온갖 선이 넉넉히 갖추어질 것이니, 보통사람들이 어찌 성인을 스스로 기약하지 않을 수 있겠는가……

무릇 사람들이 스스로 뜻을 세웠다고 말하되, 곧바로 공부하지 않고 미적거리면서 뒷날을 기다리는 까닭은 말로는 뜻을 세웠다고 하나 실제로는 배움을 향한 정성이 없기 때문이다. 만일 나의 뜻으로 하여금 진실로 배움에 있게 한다면 인仁을 실천하는 일은 자기에게 말미암는 것이어서 '인을 실천'하고자 하면 '인이 곧바로' 이르게 되니, 어찌 남에게서 구하며 어찌 후일을 기다리겠는가.

_ 이이, 『격몽요결』

이처럼 사임당은 일찍이 성현의 도를 구하는 데에 뜻을 세웠고 평생 자신의 목표로 삼았으며 또한 일곱 자녀를 교육시키는 데도 이를 언제나 강조하였다.

소녀,
스스로 당호 '사임당'을 짓다

사임당의 어릴 적 이름은 신인선申仁善이라고 알려져 있다. 백과
사전에도 그렇게 나와 있다. 그러나 여러 문헌을 뒤져보아도 이름
이 기록된 것을 찾을 수 없다. 사임당 같이 뛰어난 여성조차 이름
이 전해지지 않는다는 사실은 우리 역사 속에서 여성의 존재가 어
떤 위치에 있었는지를 단적으로 보여주는 예라 할 수 있다. 그나마
천만다행으로 율곡이 「선비행장」[6]에서 어려서부터 총명했던 어머니
사임당이 경전과 고금의 사기, 문집에 통하는 넓은 학식을 가졌다
고 기록하여 사임당의 행적을 더듬어볼 수 있다.

사임당은 어린 나이에 자신이 살아가야 할 뜻을 세우고 직접 당
호堂號를 '사임당師任堂'이라고 지어 아버지의 허락을 받았다. 호는
남성들에게는 일반적이었지만 조선시대 사대부 여성이 호를 가진
예는 수십 명에 지나지 않는다. 그런데 어린 여자아이가 지향하는
삶의 방향을 정해 뜻을 세우고 사임당이라는 호를 지었다는 사실
은 여러 가지를 시사한다.

조선시대 대부분의 여성들은 이름이 없었기 때문에 흔히 '아무

6   선비先妣란 남에게 세상을 떠난 자기 어머니를 이르는 말이고, 행장行狀이란 사람이 죽
      은 다음에 그의 일생의 행적을 적은 글이다. 사임당은 1551년 5월 17일에 48세의 나이
      로 사망하였다. 이때 이이의 나이는 16살이었다. 사임당이 세상을 뜨자 어머니의 행적
      을 기리기 위해 이이가 쓴 글이 「선비행장先妣行狀」이다.

사임당의 수결.

개 댁'으로 불렸다. 보통 친정의 지명을 따서 이름처럼 불렸던 것이다. 심지어 왕비나 빈조차도 민회빈 강씨(소현세자비), 정순왕후 김씨 등 성으로만 불렸다. 조선의 사대부들이 일반적으로 어릴 때 이름과 자字, 호號, 등을 갖고 있었던 것과는 대조적이다.

조선시대에 당호를 가진 여성들은 덕망이 특출하거나 학문 또는 예술이 뛰어난 경우에 속했다. 그런데 어린 소녀가 당호를 스스로 지었다는 것은 그의 당찬 성격의 단면을 보여주는 대목이라 할 수 있다. 호를 '사임당'이라 한 것도 놀랄 만한 일이다.

이름은 존재하는 대상의 정체성이며 사회가 그를 인식하는 하나의 수단이기 때문에 일종의 존재증명서라 할 수 있다. 개인은 이름이 주어짐으로써 비로소 의미를 얻게 되고, 의미를 얻게 됨으로써 존재가치를 지니게 되는 것이다.

김춘수 시인의 '내가 그의 이름을 불러주었을 때 그는 나에게로 와서 꽃이 되었다'라는 시 구절은 이름이 있기 때문에 존재성을 인정받는다는 걸 뜻한다.

희대의 예술적 재능을 타고 났으나 '단지 여자라는 이유로' 자신의 뛰어난 재능을 펼치기는커녕 생까지 남들보다 일찍 마감했던 허난설헌. 남녀관계가 평등에서 차별로 바뀌어 가는 시대의 흐름 속에서 여성들의 재능은 오히려 '저주'로 작용하게 되었다.

또한 사전의 정의에 의하면 정체성을 갖는다는 것은 나를 둘러싼 상호관계 속에서 나의 지위와 그 지위에 결부된 역할에 관한 일련의 정의들을 동일시한다는 것을 의미한다. 그런데 조선시대에 일반 여성들에게 이름이 주어지지 않았다는 것은 여성을 개개인의 존재로 인정하기보다 가정을 이끄는 구성원이라는 포괄적 존재로 인지될 뿐이었기 때문이라고 여겨진다.

그렇다면, 사임당은 왜 스스로 당호를 지었을까? 그가 당호를 지은 이유는 '나는 누구인가?'라는 존재론적 질문에서 출발하는 것은 아니었을까? 그리고 호를 지은 어린 가슴속 깊숙이 남다른 포부가 깔려 있었을 것이다. 그는 자신이 혼인을 하면 '강릉댁'이나 '북평댁'으로 불릴 것이 뻔하다고 생각했을지도 모른다.

일찍이 한문을 배워 사서삼경과 중국의 역사서인 『사기史記』 등을 읽으며 머리가 굵어진 총명한 소녀가 자신의 당호를 지으면서 무슨 생각을 하였을까? 남아로 태어났다면 과거 시험을 보고 조정에 나아가 자신이 갈고닦은 학식과 경륜을 세상에 펼치고 싶었을지도 모른다.

조선시대 여성 지식인들 중에는 시를 통해 그러한 소회를 드러낸 경우들이 있었다. 중국까지 이름을 떨쳤던 허난설헌은 자신의 3가지 통한痛恨 중 하나를 여자로 태어난 것이라고 탄식했다. 그런가 하면 조선후기의 대학자로 꼽히는 추사 김정희(金正喜, 1786~1856)가 '선비'로 칭했던 김금원(金錦園, 1817~?)도 그의 문집『호동서낙기湖東西洛記』에서 "남자로 태어나지 않고 여자로 태어난 것은 불행이요."라고 탄식했다.

사임당이 스스로 지은 당호를 보면 그가 자신의 인생 목표를 어디에 두었는가를 엿볼 수 있다. 율곡은 외조부 신명화에 대한 행장에서 사임師任이라 되어 있다고 적고 있다. 사는 본받는다는 뜻이요 임은 고대 중국 문왕의 어머니 태임太任을 뜻한 것이니 문왕의 어머니 태임을 스승으로 삼는다는 뜻이다. 원래 '사師'라는 뜻은 덕으로써 사람을 깨우치게 하는 데 있다는 것이다.

주나라 문왕의 어머니 태임은 중국과 우리나라에서 오랫동안 박식하고 현명하고 엄격하며 의롭고 자애로움을 모두 갖춘 여성으로 추앙되는 인물이었다.

그런데 이 대목에서 '문왕의 어머니를 본받으려 했다'고 하여 마치 사임당이 훌륭한 어머니가 되는 것을 목표로 삼은 것처럼 해석하는 경우가 적지 않았다. 그래서 태임을 문왕이라는 성군을 낳은 훌륭한 어머니로만 규정지었던 것이다. 그러나 태임은 현명한 어머니이기 이전에 모든 것을 두루 갖춘 군자의 풍모를 지녔던 인간상이었다. 그리고 사임당이 지향했던 것도 '어머니'보다는 '군자의 풍모'였다.

『시경詩經』에 태임과 문왕의 이야기가 나온다.

사제思齊 - 거룩한 분 생각하며

거룩하신 태임

문왕의 어머님

시어머니 태강께 효도하시어

왕실의 부인 되셨다

태사께서 아름다운 소리 이어받으시어

많은 자손을 낳으셨다

선왕들께 순종하고

신령들에게 원망함이 없었다

신령은 슬퍼함이 없으시고

자신의 아내에겐 법이 되고

형제자매에 이르시고

여러 나라를 다스리시다

부드러운 모습으로 궁에 계시며

공경하는 모습으로 사당에 계시며

나타나지 않아도 또 임하신 듯

싫어하는 일 없이 백성을 보듯 하시었다

큰 어려움을 끊지 못하였으나

밝고 위대하여 하자가 없으시니

들리지 아니하여도 법으로 하고

간언하지 아니하여도 받아들이셨다.

어른들은 덕 있게 되고

아이들은 이루는 것 있으니

문왕께서는 싫어하심 없으시고

선비들을 명예롭게 하시었다.

_ 『시경』, 「대아大雅」, 제1 문왕지십文王之什

이 시는 주나라 문왕과 문왕의 어머니 태임의 덕德을 말한 내용
이다. 사임당은 군자의 풍모를 갖춘 태임같이 살고자 했을 것이다.
이는 사임당이 평생 군자의 덕목을 실천하면서 일곱 자녀를 가르
쳤던 것을 통해 미루어 짐작할 수 있다.

실제로 조선후기 가사 문학의 대가 송강 정철의 현손인 정호(鄭
澔, 1648~1736)는 사임당을 여자 중의 군자로 평가하였다.

옛날 성현들은 인물을 평가함에 있어 도덕이 온전하고 재주가
갖추어진 사람을 일컬어 군자라 했다. 그러나 이 말은 남자에게
는 해당되나 부인에게는 상관이 없는 말이다. 남들은 여자란 다

만 도덕은 말할 수 있어도 재주는 말할 것이 못 된다 하지만 나
는 그렇게 보지 않는다. 여자라도 덕이 이미 온전히 갖추어졌고,
재주도 통하지 않음이 없다고 하면 어찌 여자라 하여 군자라 일
컫지 못하겠는가! 사임당은 여자 중의 군자라 일컬어도 손색이
없을 것이다.

_ 정호, 「사임당화첩발師任堂畵帖跋」, 『장암집丈巖集』

군자란
어떤 사람인가?

그러면 사임당이 인생의 목표로 삼았던 군자란 어떤 인간형일
까? 공자는 학學과 덕德을 쌓아 인격이 높은 사람을 군자君子라 했
고 이와 반대되는 사람을 소인小人이라 했다.

『논어』에 군자에 대한 얘기가 나온다.

군자는 근본에 힘쓰니 근본이 확립되면 인仁의 도道가 살아난다.
효孝와 제悌는 그 인을 행하는 근본일 것이다.

무務는 전력專力하는 것이다. 본本은 뿌리와 같다. 인이란 사랑의
이치요, 마음의 덕이다. 인仁이라 일컫는 것은 인을 행하는 것이
다. 여는 의문사이니 겸손하여 감히 질정해 말하지 못하는 것이
다. 군자가 모든 일을 오로지 근본에 힘을 쓰니 근본이 이미 확
립되면 그 도가 스스로 생겨난다. 윗글에서 말한바 효제로 말하

사임당이 삶의 지표로 세운 '군자'의 상을 제시한 중국의 사상가 공자. 공자가 생각한 군자란 수양을 통해 인을 실천하며 목표로 삼는 사람이었다.

면 바로 이 인을 하는 근본이니 배우는 자들이 이것을 힘쓰면 인의 도가 이로부터 생겨남을 말한 것이다.

_『논어』「학이學而」편 2장

공자의 사상이 가장 잘 집약된 『논어』에서 가장 강조하고 있는 것이 '인仁'이었다. '인'이 있어야 비로소 사람 노릇을 할 수 있다고 본 것이다. 『논어』에서 말하기를

밥 한 그릇을 먹는 짧은 시간이라도 인을 떠나서는 안 되며, 다급하고 구차한 상황에 처하더라도 반드시 인을 새겨야 하며, 목숨이 위태로운 상황에 놓이게 되더라도 꼭 인을 지켜야 한다.

맹자. 남의 불행을 가엾게 여겨 도우려는 마음, 부끄럽게 여기고 수치스럽게 여기는 마음, 타인에게 양보하는 마음, 선악시비를 판별하는 마음을 사단四端이라 하고 모든 사람이 다 가지고 있다는 성선설을 주장하였다.

그래서 '어질고 사랑하며 불쌍히 여기는 마음은, 잠시라도 떠나보내서는 안 된다'고 강조하였다. 이러한 인의 정신을 몸소 실천하고 살아가는 사람을 '군자'라고 한다. 따라서 군자의 첫째 조건은 사람 자체의 됨됨이에서 비롯되는 것이다.

인은 군자의 첫 번째 덕목이라 할 수 있다. 인仁은 '완전한 인격'이라는 의미로 인간이 가져야 하는 모든 덕성을 포괄하는 의미를 갖고 있는 것이다.

공자의 제자인 맹자(孟子, 기원전 372?~기원전 289?)는 사람은 누구나 네 가지 마음을 갖고 태어나는데 그중 첫 번째는 측은지심惻隱之心으로 남의 어려움이나 고통을 보면 불쌍히 여기는 마음이 일어나는 것이 인仁의 단서라고 하였고 측은지심을 느끼지 못한다면 인간이라 할 수 없다고 단언한다.

공자에게서 이상적인 인간상은 군자로 표현되는데, 군자는 바로 수양을 통하여 인을 실천하며 목표로 삼는 사람을 뜻하는 것이다. 이러한 공자의 군자론은 우리나라의 건국이념이자 교육이념인 '홍익인간弘益人間'과도 맥이 통한다. '널리 인간을 이롭게 한다'는 것은 인간을 포함한 세계를 의미하는 것이다.

사임당의 사상적 배경 역시 이러한 '인'에서 출발하였고 율곡에게도 큰 영향을 끼쳤다.

'군자'의 삶은 공자와 그 제자들뿐 아니라 조선 사대부들의 꿈이기도 했고 조선의 뛰어난 여성 지식인들의 목표이기도 했다.

『예기』[7]에 '나 자신과 모든 사물을 공경하고, 행동은 엄숙하여 무언가를 생각하는 듯이 하며, 말은 안정되고 일정하게 한다. 그러면 모든 사람들이 편안해 한다.'라는 말은 군자의 실천 강령이라고 할 수 있다.

그런데 알기는 쉬워도 실천하기는 참으로 어려운 것이었기 때문에 조선 수백 년 동안 많은 유학자들은 '군자'의 삶에 가까이 가고자 학문을 익히며 수양에 힘썼다. 또한 그런 이유로 대여섯 살에 배운『소학』을 평생 수백 번씩 읽으며 몸으로 익히고자 밤낮으로 노력했다.

『격몽요결』은 율곡 이이가 1577년 42세에 쓴 책이다. 격몽擊蒙은 몽매함을 깨우친다는 의미이고, 요결要訣은 그 일의 중요한 비결이

7   『예기禮記』는 중국 고대의 경전인 오경五經의 하나로, 예법의 이론과 실제를 풀이한 책
    이다. 그 내용은 곡례·단궁·왕제·월령·예운·학기·악기·대학·중용 등을 다룸에 있어
    서 도덕적인 면을 매우 중요하게 보았다.

란 뜻으로 수양의 입문서 목적으로 엮은 책이다.

오늘날 우리 사회의 모든 폐단과 악정, 사회분열, 인간성 상실 등 많은 문제들이 어디서부터 시작되었을까?

그것은 인仁이 무너졌기 때문이다. 사람이라는 뜻을 가진 인人은 서로 기대고 있는 두 획으로 이루어져 있다. 그리고 인仁이라는 글자는 그것을 표시하고 있다고 본다면 인仁은 사람과 사람의 관계를 나타내고 있다. 즉 서로 기대듯이 어울려 살아야 한다는 의미를 갖고 있는 것이다. 그러기 위해서는 타인을 배려하는 마음을 가져야 한다.

공자가 말한 인仁이 바로 선다면 어찌 극악무도한 일들을 할 수 있을 것이며 공직자가 지위를 이용하여 나랏돈을 함부로 쓸 수 있을 것이며 타인의 불행과 고통에 그토록 무관심할 수 있겠는가. 또한 부정부패를 무기로 자신의 재산축적에 힘쓰면서도 추호의 부끄러움조차 느끼지 못한다면 그들은 사회지도층이 아닌 도척[8]의 무리일 뿐이다.

지식이란 강을 건널 때 필요한 뗏목과도 같은 것이다. 강을 건너고 나서 그 뗏목을 다른 사람들에게 휘두른다면 그 뗏목은 폭력의 도구가 될 뿐이다.

그런데 오늘날 명문대를 나와 의사나 변호사 등 사람을 살리기 위한 서비스업을 가진 엘리트층이 학벌과 권위로써 여성이나 약자

8   도척盜跖은 중국 춘추시대의 큰 도적으로 수천 명을 거느리고 천하를 횡행하였다.

들에게 폭력을 가한다는 뉴스가 자주 보도되고 있다.

인간이 오랜 시간과 노력을 들여 많이 배운 결과가 인간으로서 부끄러운 행동을 한다면 교육의 의미가 없는 것이다. 아무리 좋은 명품시계라도 시간이 안 맞고 멈춰 있다면 그것은 시계가 아니라 팔찌에 불과하다.

교육의 처음도 인간이 인간답게 사는 것이요, 그 끝도 인간으로서 부끄럽지 않게 사는 것이다. 그런 까닭에 교육의 목표는 '인'에 있다고 할 것이다.

수백 명의 아이들이 꽃피는 봄날 수학여행 간다고 떠났다가 차가운 바닷물 속에 수장水葬되었다. 그 사실 하나만 놓고 무엇을 느낄 것인가? 인간이라면 맨 처음 느끼는 감정이 슬픔이어야 한다. 아이들의 죽음에 대한 애도와 자식을 잃은 부모들의 고통에 대한 위로가 우선이고, 그들을 지켜주지 못한 우리 사회와 공동체 일원으로서의 죄책감을 느껴야 하는 것이다. 그것이 공자가 말한 인仁이다. 그런데 그 이후 벌어진 여러 가지 사건들을 보면서 필자는 경악과 두려움을 느꼈다. 우리 사회는 인간과 괴물들이 함께 공존하고 있는 것 같았다.

도대체 무엇 때문에 우리 사회에서 '인'이 실종된 것일까?

단언컨대 우리 교육이 인간을 인간답게 살라고 가르치는 것이 아니라 나 아닌 타인을 밟고 올라가라는 경쟁 구도 속에 가둬 놓았기 때문이라고 생각한다. 그런 점에서 이제 교육은 '홍익인간'의 이념으로 재정립되어야 할 것이며 지식인들은 '군자'의 도에 대해 생각해봐야 할 것이다.

그렇다면 공자가 그토록 인을 강조했던 이유는 과연 무엇일까? 공자가 살았던 중국의 춘추전국시대(기원전 770~기원전 221)도 각국이 패권다툼을 벌이던 난세였기 때문이다.

한편 사임당이 살았던 시대도 갑자사화와 기묘사화 등 많은 선비들이 피를 흘린 사건들이 끊임없이 이어졌던 때였다. 특히 사임당은 아버지 신명화와 가까운 사람들이 기묘사화로 화를 입었다는 사실도 알고 있었을 것이다. 사임당은 그러한 정치적 사건들을 겪으면서 인仁에 대한 도덕적 기반이 필요함을 절실히 느꼈던 것으로 보인다.

군자는 인仁을 바탕으로 의義, 예禮, 지智, 신信의 다섯 가지 도리를 다하고자 끊임없이 자기 수양을 통해 인격을 완성하려는 사람이다. 그리고 그 인仁의 근본을 효제孝悌라 논하였는데 인간관계에 있어 가장 근본적인 덕이라는 것이다. 부모 형제 관계가 사회생활의 시작이기 때문이다. 사임당이 일생을 통하여 말과 행동을 조심하면서 윗사람과 아랫사람들을 대함에 있어서 공경과 온화함을 지녔던 것도 군자의 행을 본받으려 했기 때문이었다.

사임당은 오늘날 생각하듯이 현모양처라는 봉건적 질서에 순응하려 한 것이 아니라 인간으로서 자기완성, 즉 군자의 길을 걷고자 했던 것이다. 그리고 훗날 '여중군자'[9]로 불렸다.

---

9   조선시대 '여중군자'로 불린 여성은 사임당 외에도 최초의 한글 조리서인 『음식디미방』을 쓴 장계향(張桂香, 1598~1680)과 조선의 여성 성리학자 임윤지당, 성리학자이며 시인인 강정일당이 있었다.

일곱 살 고사리손,
안견을 본떠 그리다

사임당은 7세 때부터 안견의 그림을 모방하여 그렸다.

> 어머니는 평소에 묵적墨迹이 뛰어났는데 7세 때에 안견의 그림을
> 모방하여 산수도를 그린 것이 아주 절묘하다. 또 포도를 그렸는
> 데 세상에 시늉을 낼 수 있는 사람이 없다.
>
> _ 이이, 「선비행장」

위 내용을 보면 물론 돌아가신 어머니를 추앙하였다지만 율곡
의 성품으로 보아 사실대로 언급한 것으로 보인다. 사임당은 산수
도와 포도를 잘 그렸고 생전에도 화가로서의 명성이 있었음을 짐
작할 수 있다. 명종 때 문인 어숙권魚叔權도 사임당의 그림 솜씨를
입에 침이 마르게 칭찬하고 있다.

> 사임당의 포도와 산수는 절묘하여 평하는 이들이 '안견 다음 간
> 다'라고 한다. 어찌 부녀자의 그림이라 하여 경홀히 여길 것이
> 며, 또 어찌 부녀자에게 합당한 일이 아니라고 나무랄 수 있을
> 것이랴.
>
> _ 어숙권, 『패관잡기』

어린 사임당이 그림을 모방한 안견은 세종에서 세조 때까지 활

사임당의 대표작 「포도도」, 비단에 수묵
으로 그렸다. 5만원권 화폐의 앞면 도안
이기도 하다.

약한 조선이 자랑하는 천재 화가다. 안견의 그림 솜씨가 어찌나 뛰어났던지, 세종 때는 도화원의 종6품 벼슬에서 정4품 호군으로 승진했다. 이는 조선초기의 화가로 최고직인 정6품을 뛰어넘어 정4품까지 오른 최초의 예였다. 그의 대표작은 안평대군의 꿈 이야기를 듣고 단 사흘 만에 그렸다는 「몽유도원도夢遊桃源圖」이다.

사임당의 산수화는 현재 단 두 점만 전한다. 88쪽에 보이는 사임당의 산수화는 이백의 오언율시 「장사인이 강동을 떠나는 것을 전송하다送張舍人之江東」[10]를 보고 그렸다고 하는데 기승전결 중 승에 해당하는 3구와 4구, 전에 해당하는 6구와 7구를 좌측 상단에 화제畫題로 썼다.

맑은 하늘에 외기러기 멀리 날고

넓은 바다에 외로운 돛단배 천천히 떠간다.

밝은 해는 저물어 가고

푸른 파도 아득히 멀어져 돌아올 기약 없어라.

사임당이 이백의 시를 화제로 선택하고 그중에서도 「장사인이 상동을 떠나는 것을 전송하다」를 쓴 것은 자신의 심정을 우회적

10　원래 시의 전문은 다음과 같다. 사인 장한이 강동으로 떠나는데 / 마침 싸늘한 가을바람 불어 온다. / 맑은 하늘에 외기러기 멀리 날고 / 넓은 바다에 외로운 돛단배 천천히 떠간다. / 밝은 해는 저물어 가고 / 푸른 파도 아득히 멀어져 돌아올 기약 없어라. / 가시는 오나라에서 저 달을 보거들랑 / 천 리 멀리 사는 나를 생각해주오.

이백 시가 담긴 사임당 산수도 「월하고주도」.

으로 표현했다고 여겨진다. 내용으로 미루어 볼 때 사임당이 혼인 후 천 리 떨어진 친정을 그리워하며 그림을 그리고 글을 붙인 것이 아닐까? 외기러기, 외로운 돛단배는 사임당 자신을 비유한 것인지도 모른다.

90쪽 산수화는 오른쪽 화제畵題를 당나라 시인 맹호연(孟浩然, 689 ~704)의 오언절구 '건덕강에서 묵으며宿建德江'로 썼다.

배 저어 안개 낀 물가에 대어 놓으니
날 저물어 나그네 수심 새로워라
텅 빈 들녘 하늘은 나무 끝에 닿을 듯
맑은 강물의 달은 나그네 가까이 있네.

이 시도 '나그네의 수심'이라는 시구를 빌어 자신의 쓸쓸함을 토로하고 싶었는지도 모른다. 이 그림을 언제 그렸는지 알 수 없지만 사임당은 마치 자신이 어디에 머물러야 할지 모르는 나그네 같다는 걸로 해석한다면 혼인생활 중 힘들었을 때가 아니었을까? 문인화의 특징은 산수화를 그리더라도 자신의 내면을 투사하는 것이 일반적이었기 때문이다.

사임당 시대에는 안견의 화풍이 유행했으며 대나무, 산수, 인물, 화초 등 다양한 소재들이 즐겨 다루어졌으나 아무래도 산수화가 주를 이루었다. 사임당의 화풍도 조선전기 안견파에 속하는 것으로 평가된다.

조선시대 문인들은 심성을 기르고 내면의 수양을 목표로 그림을 그렸기 때문에 화려하고 정교한 기법보다는 '문자향 서권기文字香 書卷氣'[11]의 담백한 수묵화법을 취했다. 또한 시나 서예와의 밀접한 관계를 강조하여 시·서·화를 두루 연마했다.

이쯤에서 궁금해진다. 사임당은 예술적 재능을 누구한테 물려받았을까? 그리고 안견의 그림은 어떻게 보았을까? 안견이 아무리 유명한 화가라 해도 강릉은 한양에서 멀리 떨어진 곳이다. 누군가 일부러 시간과 품을 들여 구해서 보여준 것이 아니라 사임당이 우연히 보았을 가능성은 대단히 희박하다.

사임당이 태어난 강릉 오죽헌은 외조부인 이사온이 살던 집인데 이사온은 장인 최응현으로부터 오죽헌을 물려받았다. 최응현은 최

11   책을 많이 읽고 교양을 쌓으면 몸에서 책의 기운이 풍기고 문자의 향기가 난다.

사임당 산수도. 국립중앙박물관 소장.

치운의 차남인데 최치운은 조선전기의 문신으로 이조참판까지 지냈다.

최치운의 둘째 딸은 어려서부터 아버지에게 『시경詩經』, 『서경書經』, 『효경』을 배웠다고 한다. 안귀손安貴孫에게 출가한 이 둘째 딸은 문장이 뛰어나고 지조와 행실이 곧았다. 남편이 죽자 「도망부사悼亡夫詞」를 짓고 제사를 지내고 음식을 거부하고 목숨을 끊었다. 그의 곧은 행실을 나라에서 칭송하고 정려[12]를 내렸다.

그렇다면 목숨을 끊은 최씨 부인은 사임당의 외조부인 이사온에게 처고모가 된다. 사임당의 문학적 재능이 집안 내력과도 무관하지 않음을 짐작할 수 있는 대목이다.

---

12   정려旌閭는 국가에서 미풍양속을 장려하기 위해 효자, 충신, 열녀 등이 살던 동네에 붉은 칠을 한 정문旌門을 세워 표창하던 일.

또한 최응현의 손자인 최수성(崔壽城, 1418~1450)도 강릉에서 태어나 7살까지 살았다고 한다. 최수성에게 이사온은 고모부가 된다(63쪽 계보도 참조). 최수성은 성리학에 일가를 이루었을 뿐 아니라 시문, 서화, 음률 등 다방면에 뛰어났고 9살 어린 나이에 이미 문장에 일가를 이루어 천재라고 불렸다고 한다. 특히 문장, 서예, 미술, 음악 네 분야에 걸쳐 뛰어난 재능을 보여서 사람들이 사절四絶이라 일컬었다. 그러나 최수성은 학문에만 열중하고 벼슬길에는 오르지 않았다.

『홍길동전』으로 유명한 허균(許筠, 1569~1618)의 문집『성소부부고惺所覆瓿藁』에는 다음과 같은 내용이 등장한다. '성소'는 허균의 호이고 '부부'란 장독 뚜껑을 덮는다는 뜻으로 자신의 글을 겸손하게 일컫은 말이다.

최원정은 세상을 내리 보고서 벼슬하지 아니하고 화나 면하기를 바랐다. 하루는 제현諸賢이 정암의 집에 모였는데 (중략) 원정이 붓을 잡아 벽에다 산수를 그리자 김정金淨이 시를 지었는데…….

맑은 새벽 바위 산 봉우리 우뚝한데
흰 구름은 산기슭에 비꼈네
강촌에는 사람 모습 보이지 않고
강변 나무 저 멀리 아득하구나

여기서 최원정은 최수성이고 정암靜庵은 조광조[13]를 가리킨다. 이 내용을 보면 세 사람이 친한 사이였으며 최수성이 산수화를 즐겨 그렸음을 알 수 있다.

사임당의 아버지 신명화에게 이사온은 장인이었고 최수성에겐 고모부였는데 두 사람은 11살 차이로 친했던 것으로 보인다. 아마도 우연히 꼬마 사임당이 고사리손으로 꼬물꼬물 그린 그림을 본 어른들이 감탄을 금치 못했고, 그림 재주를 썩히기 아깝다고 여겨 안견의 그림을 구해달라고 부탁을 하였을 것이다. 당대 최고의 화가였던 안견의 서화첩을 구하는 일이 쉽지는 않았을 것이다. 그리고 아버지 신명화도 최수성에게 딸 자랑을 하면서 서책이나 그림들을 부탁했을 가능성은 충분히 있다.

열아홉에 혼인하기 전까지 사임당은 유복한 집안에서 외할아버지와 아버지의 적극적인 후원으로 경서를 읽으면서 마음껏 그림을 그릴 수 있었을 것이다. 당시 강릉 같은 촌에서 그림을 구하기도 쉽지 않았을 것이며 그림 그리는 데 필요한 종이와 물감 등의 값도 만만치 않았을 것이다. 경제적인 뒷받침과 집안 어른들의 후원은 소녀 사임당의 꿈을 마음껏 펼치는 데 더할 나위 없이 좋은 환경이

13　조광조(趙光祖, 1482~1519)는 조선시대 중기의 문신, 사상가이자 교육자, 성리학자, 정치가이다. 호는 정암靜庵이다. 중종의 훈구파 견제 정책에 의해 후원을 받아 홍문관과 사간원에서 언관 활동을 하였고, 성리학 이론서 보급과 소격서 철폐 등을 단행하였다. 성리학적 도학 정치 이념을 구현하려 했으나 훈구 세력의 반발로 실패한다. 1519년 반정공신들의 사주를 받은 궁인들에 의해 나뭇잎에 주초위왕走肖爲王이란 글자가 나타나게 함으로써 역모로 몰려 전라남도 화순으로 유배되었다가 사사된다.

었던 것이다.

이렇듯 아버지의 절대적인 보호와 후원 속에 경전을 읽고 시를 짓고 그림을 그리며 군자의 꿈을 키워나가던 당찬 소녀도 여자의 숙명은 피해갈 수 없었다. 열여섯을 넘기고 열일곱을 넘기며 점점 혼기가 꽉 차 가는 사랑하는 딸을 위해 아버지는 사윗감 물색에 나섰다. 소녀에서 여인으로, 사임당의 제2의 삶이 펼쳐진다.

3장.

열아홉, 혼인, 그리고 여자의 일생

이원수와의 혼인생활

"자네도 알다시피 내가 딸을 여럿 두었네……."

마침내 신명화가 입을 열었다.

서탁 맞은편에는 한 젊은이가 단정하게 무릎을 꿇고 앉아 있었다.

둘째 사위였다.

사위를 바라보는 신명화의 눈빛에는 딸을 보내는 아비의,

차마 형용할 수 없는 감정이 소용돌이치고 있었다.

명문가의 자손, 그러나 일찍 아버지를 여의고 홀어머니 손에 자란 젊은이.

둘째 딸의 배필로 자신이 심사숙고한 끝에 고른 청년이었다.

하지만…….

과연 나의 선택은 옳을까.

곱디곱게 키운 둘째.

'왜 계집아이로 태어났느냐' 하는 생각을 하루에도 열두 번씩 하게 만든,

너무나 총명하고 재주 많은 아이.

그러나 이제는 내 품에서 떠나보내야 한다.

"말씀하십시오……."

온화한 낯빛으로 청년이 말했다.

"내가 딸을 여럿 두었지만……, 자네 처만은 내 곁에서 떠나게 할 수가 없다네."

신명화가 나지막하게, 그러나 단호하게 말하고는 입을 꾹 다물었다.

딸을 곁에 두고 싶은 아버지,
아버지 곁에 머문 딸

사임당은 열아홉 되던 해인 1522년(중종 17)에 한양에 사는 스물두 살의 선비 이원수(1501~1561)와 혼인한다. 그러나 혼인 후에도 계속 친정인 강릉에 머물렀다.

거기에는 두 가지 이유가 있었다. 첫째로 아버지 신명화가 총명한 딸을 곁에 계속 두고 싶어 했다. 신명화는 사위되는 이원수에게 "내가 여럿 딸을 두었지만, 네 처만은 내 곁에서 떠나게 할 수가 없다."고 말했다고 한다.

그런데 그토록 총애하던 둘째 딸을 혼인시킨 지 불과 몇 달 만에 마치 자신의 소임을 다했다는 듯, 신명화가 47세의 나이로 세상을 떠났고 사임당은 아버지의 3년 상을 마치고 한양으로 올라가게 되었다. 시어머니인 홍씨 부인에게 신부로 인사를 올린 것이 혼인 후 3년 만이었던 것이다.

당시에는 고려시대의 혼인 풍습이 남아 있어 혼인 후에도 사위가 처갓집에서 사는 경우가 많았다. 중종 10년(1515)에 "혼인은 만세萬世의 시작인데 남자가 여자의 집으로 가는 것은 천도에 역행하는 것이니 어찌 옳겠는가?"라는 기록은 고려 때부터 내려오던 처가살이 혼인 풍습이 그때까지도 지속되고 있었음을 반증한다.

그렇듯 당시 혼인 풍속이 처가살이하는 경우가 많기는 하였으나 혼례를 올린 신부가 시어머니를 3년 만에 본다는 것은 상식적으로 이해하기 어려운 부분이다. 사임당의 남편 이원수도 일찍 아버지를 여의고 어머니 홀로 지내고 있었는데 그는 왜 장인의 말에 순순히 따랐으며, 시댁에서도 왜 그것을 허락한 것일까?

일설에 의하면 신명화는 자신의 가문보다 지체가 조금 떨어지고 과부인 홍씨에게 사돈 맺자고 청혼을 넣었다고 한다.

신명화는 눈에 넣어도 아프지 않을 어여쁜 둘째 딸을 혼인시키는 친정아버지 입장에서 사돈이 될 집안과 인물의 됨됨이를 꼼꼼히 따져보았을 것이다. 자기네 집안과 견줄 만한 부유한 명문가에 잘나가는 사위를 맞는다면 남 보기에는 좋아보일지 몰라도 실제로는 제사에, 손님 접대에, 많은 식구를 거느리며 뒤치다꺼리를 하는 일은 딸의 몫이 될 것이 불 보듯 뻔하다는 것 정도는 잘 알고 있었을 것이다.

그는 어려서부터 총명하고 재주 많은 딸이 혼인을 해서 다른 여성들처럼 평범하게 산다면 그보다 안타까운 일은 없을 거라 여겼

영국의 판화작가 엘리자베스 키스가 그린 「시골 혼례」(1921).

다. 그래서 여러 가문 중 고른 것이 이원수 집안이었던 것이다. 덕수 이씨 집안도 명문이었고 시아버지가 없으니 한결 편안할 것이며 시어머니 될 홍씨 부인의 성품도 원만하고 사위 되는 사람이 그리 잘나지는 않았으나 무던한 성격이라는 얘기를 들었던 것이다. 그래서 사위에게 처가살이를 하라고 단호한 태도를 취했던 것이다. 물론 홀어머니를 모시고 있던 이원수의 입장에서는 난처했을 것이며 따라서 홍씨 부인에게 사정을 얘기했을 것이다. 이원수는 우유부단하고 자기 주관이 뚜렷하지 않은 성격의 청년이었음을 여러 대목에서 짐작할 수 있다.

그러면 홍씨 부인은 왜 하나뿐인 아들이 천 리나 떨어진 곳에서 처가살이하는 것을 허락하였을까? 그녀도 고민을 했을 것이다. 아들과 같이 살고 싶은 마음은 굴뚝 같았지만 아들의 장래를 생각하면 처가살이가 현실적으로 유리하다는 판단을 했던 것이 아닐까.

자신보다 경제적으로 훨씬 부유하고 학식이 높은 처가에서 지내면 편안한 가운데 학식 높은 장인에게 학문을 배우고 과거에 급제해서 벼슬을 할 수 있으리라는 희망을 품었을지도 모른다.

자신의 남편이 24세라는 청춘에 죽었으니 홍씨 부인의 통한도 이루 말할 수 없었고 믿고 의지할 사람은 외아들 이원수밖에 없었다. 그러나 자신이 배운 것도 없으니 가르친 것도 없고 아들이 그다지 학문에 관심이 없는 것 같으니 내심 근심도 많았을 것이다.

조선시대에 사대부로 태어나 과거에 급제하지 못하면 관직을 얻지 못하고, 관직을 얻지 못하면 경제적으로 어려워지는 것은 당연했다. 그런데 명문가에서 청혼을 하고, 심지어 처가에서 물심양면으로 지원을 아끼지 않을 것이 분명한데 홍씨 부인의 입장에서 처가살이를 승낙하지 않을 이유가 없었던 것이다. 당시에 과거 시험을 준비하려면 경제적인 뒷받침이 있어야 했다. 오늘날 고시 공부를 하거나 의대를 다니려면 상당한 경제적 뒷받침이 필요한 것과 똑같은 이치였다.

조선시대 과거시험은 3년에 한 번씩 열렸다. 조선시대 양반들은 8세 때부터 과거시험 공부를 시작했는데, 최종 급제자 평균 연령이 35세이니 27년 가까이 경제적으로 뒷바라지를 해야 했다. 고시공부 10년도 너무 길다고 비명을 지르는 오늘날 우리의 시각에서 보면 기가 막힐 정도로 엄청난 시간과 노력을 들여야만 하는 한 집안의 중요 프로젝트였던 것이다.

책값 또한 엄청 비쌌다. 『대학』이나 『중용』 같은 책은 논 1~2마지기에서 1년에 소출되는 곡식 값에 비견되었으니 법적으로는 양인

19세기에 그려진 작자 미상의 풍속도 「소과응시」. 조선시대 양반들은 8세쯤부터 공부를 시작하는데, 과거의 최종 급제자 평균 연령이 35세였으니 막대한 경제적인 뒷받침도 필요했고, 과거시험 스트레스 또한 엄청났을 것이다.

신분이면 누구나 과거를 볼 수 있었으나 현실적으로는 그림의 떡이었던 것이다.

그럼에도 불구하고 과거급제자의 50% 이상이 평민 출신이었다는 사실은 과거제도가 평민 집안의 '양반 되기 프로젝트'로는 유일하게 평등한 제도였던 셈이다. 역사학자 한영우 서울대 명예교수의 연구에 의하면 조선초기에도 40~50%, 고종 대에는 58.61%에 달했다고 한다. 이른바 '개천에서 용 난다'는 것이 이를 두고 생긴 표현 아닐까?

그러면 사임당은 얼마나 잘난 집(?) 딸이었으며 남편인 이덕수는 어떤 집 자손이었는지 족보를 따져보자.

사임당은 고려 태조의 충신이었던 신숭겸의 18대손으로 조부가 영월군수를 지낸 신숙권이고 태종의 막내딸인 정선공주(1404~1424)의 외손자였다. 따지고 보면 사임당도 이원수 집안처럼 왕족의 후예인 신분이었다. 또한 증조부는 성균관 대사성을 지낸 신자승申自繩이었다. 성균관이 오늘날 서울대학교라 치면 대사성은 서울대학교 총장에 해당한다.

사임당의 아버지 신명화는 늦깎이로 과거에 급제했지만 벼슬은 하지 않았다. 그러나 성격이 곧아 중종 때 기묘명현己卯名賢의 한 사람으로 불리기도 하였다. 또한 율곡은 아버지 이원수에 대해 아무런 기록을 남기지 않았지만 외조부에 대해서는 행장을 남길 정도로 존경심을 갖고 애도하였다. 그런가 하면 사임당의 외가도 명망 높은 가문이었으니 어머니 이씨 부인은 세종에서 중종조까지 8대에 걸쳐 삼사헌부三司憲府 사조참판四曹參判을 역임한 최응현의 외손녀였다. 삼사헌부나 사조참판은 오늘날 차관급 이상의 높은 관직이었다.

최응현의 부친 최치운은 세종대왕이 친히 그의 죽음을 애도하는 제문을 지을 정도였다. 이렇듯 사임당은 친가, 외가 공히 내로라하는 명문가였다.

한편 이원수는 충무공 이순신(1545~1598)과 같은 덕수 이씨로 18촌 동행간이었다. 덕수 이씨도 조선왕조에 들어와 대대로 벼슬을 한 명문 가문이었고 이원수의 4대조인 이명신(李明晨, 1368~1435)은 심종沈悰의 사위였는데 심종은 태조의 둘째 딸이자 태종의 친누이인 경선공주의 남편이었으니 태조의 사위의 사위인 셈이다. 또한 이명신의 장인 심종은 세종의 장인인 심온[14]의 친형이었다.

한편 이원수의 조부 이의석李宜碩은 경주판관(종 5품으로 오늘날 사무관)을 지냈으나 아버지 이천(李蔵, 1483~1506)은 벼슬길에 오르지도 못하고 스물넷 젊은 나이에 세상을 등졌다. 그러니 가세가 기울 수밖에 없었다. 아버지를 여의었을 때 이원수의 나이는 겨우 6살이었다.

그는 홀어머니 홍씨 밑에서 성장하였고 학문에는 그다지 뜻이 없었던 것으로 보인다. 기록에 의하면 이원수는 과부의 외아들로 학문을 가르쳐줄 만한 스승을 만나지도 못했고 타고난 기질은 놀기를 좋아하고 성품은 유약하고 우유부단한 편이었던 것으로 보인다. 또한 율곡이 어머니 사임당의 행장과 외조모 이씨 부인의 행장, 외조부 신명화의 행장을 따로 기록하면서도 아버지 이원수에 대한 것이 없다는 사실은 무엇을 뜻할까?

우선 기록할 만한 이렇다 할 행적이 없다. 이원수는 쉰이 넘은 나이에 겨우 수운판관水運判官이 되었는데 수운판관은 호조에 속한 하급직으로 나라에 조세로 바치는 곡식을 한양으로 실어 나르는 선박 관련 업무를 관장하는 관직이었다. 게다가 사임당이 죽은 후 재혼한 여성이 평생 사임당의 가슴을 멍들게 한 당사자였다. 이런

14 심온(沈溫, 1375~1419)은 고려말 조선초의 문신이다. 조선왕실의 이중 인척으로 세종의 장인이자 세종의 외삼촌 민무휼의 사돈이다. 또한 명종 때의 형제 정승인 심연원, 심통원 및 명종비 인순왕후의 친정아버지 심강의 직계 조상이기도 하다. 성종과 연산군 때의 정승 노사신은 그의 외손자였다.

아버지가 대유학자였던 율곡의 눈에 어떻게 비쳤을지는 미루어 짐작할 수 있다.

아버지 신명화의 선택이 훗날 사임당이 문학과 예술의 재능을 펼치는 데 큰 힘이 되었던 것은 사실이다. 그러나 남편의 우유부단과 용렬함, 의지박약은 평생 사임당의 가슴에 못질을 했으며, 남편의 외도로 인한 고통을 껴안고 살 수 밖에 없었던 것 또한 사실이었다.

새 신부, 3년 만에
시어머니에게 인사 올리다

아버지의 3년 상을 치른 스물두 살의 사임당은 한양으로 올라온다. 혼인 후 처음으로 시어머니에게 얼굴을 비추고 인사를 올린 것이었다. 그 사이에 남편 이원수는 강릉 오죽헌과 한양을 오가며 지냈던 것으로 보인다.

그런데 사임당은 3년 상을 벗은 그해 9월에 한양에서 장남 선璿을 낳았다. 신명화의 기일인 11월 7일과 두 달 차이가 난다. 바꿔 말하면 사임당이 3년째 상을 치르는 중에 이원수가 찾아가 합방을 하여 임신을 했던 것이다. 이런 것으로 볼 때 이원수는 사대부로서 지켜야 할 예법 따위는 아랑곳하지 않고 본능적인 욕구에 충실했던 인물인 듯하다.

아버지는 물론 외조부, 외조모, 어머니 모두가 예법을 철저하게 지키는 분위기 속에서 성장한 사임당은 남편의 예의와 법도에 어긋난 행위에 크게 실망하고 앞으로 전개될 혼인생활에 대해 많은 고민을 했을 것이다.

혼인은 개인과 개인인 남녀의 만남인 동시에 한 가족과 가족의 만남이기도 하다. 혼인생활에서 많이 겪는 갈등 중 하나가 친정과 시집의 경제적 문화적 차이에서 비롯되는 문제다. 사임당의 친정은 경제적인 부와 더불어 학문과 예술을 숭상하는 문화적 소양이 풍부한 구성원들로 이루어져 있었던 반면 시집은 모든 면에서 훨씬 격이 떨어졌던 것이다. 율곡이 아버지나 할머니 등 친가 식구들에 대한 기록을 남기지 않은 것도 이와 무관해보이지 않는다.

한편 10여 년 동안 남편의 고향인 경기도 파주 율곡리와 자신의 친정인 강릉과 봉평 등지를 옮겨 다니면서 살던 사임당은 38살의 나이에 한양의 시집으로 들어왔다. 그러니까 혼인 후 20년이 다 되어서 한양에 돌아와 수진방(오늘날 청진동)에서 살았는데 이때에 시어머니 홍씨가 늙어 가사를 돌보지 못하였으므로 집안 살림을 도맡았다.

그런데 「이씨분재기」에서 사임당의 어머니 이씨 부인이 다섯 딸들에게 재산을 나눠줄 때 외손인 율곡에게 제사를 받들라고 기와집 한 채와 전답을 주었다고 하는데 그때가 율곡이 외가인 강릉에서 사임당과 함께 수진방으로 온 해였다. 아마 요즘 식으로 표현하면 친정에서 외손자 명의로 집을 마련해준 것이 아닌가, 추측해볼 수 있다.

사임당은 시어머니 홍씨를 성심을 다해 봉양하였다. 시어머니 앞에서 "몸가짐을 함부로 하지 않고 말을 함부로 하지 않았다.", "무릎을 꿇고 시어머니의 물음에 답하고, 시어머니 앞에서는 희첩姬妾도 꾸짖는 일이 없고 말씀은 언제나 따뜻하고 안색은 언제나 온화했다."고 율곡은 기록하고 있다.

사임당의 군자다운 면모를 엿볼 수 있는 일화가 있다.

> 하루는 종족들이 모인 잔치 자리에서 여자 손님들이 모두 이야기하며 웃고 하는데 자당(사임당)만 말없이 앉아 있자 홍씨가 자당을 가리키며, "새 며느리는 왜 말을 않는가." 하셨다. 그러자 무릎을 꿇고 말하기를, "여자는 문밖을 나가 본 적이 없어서 전혀 본 것이 없는데 무슨 말씀을 하오리까." 하니, 좌중에 있던 사람들이 모두 부끄러워했다.
>
> _ 이이, 「선비행장」

아마도 사임당의 시어머니 홍씨와 친척인 여자들이 모여서 수다를 떠는 내용은 신변잡기나 남의 집안 얘기였을 것이다. 시어머니 앞이라 차마 자리를 뜨지 못하고 있는 터에 굳이 홍씨 부인이 말을 건네자 한마디 한 것이다. 며느리로서 태도는 온유하나 사임당의 대답에는 뼈가 있었다. '이렇게 모여서 남 얘기를 하고 있으니 말 같지 않아서 말을 섞지 않고 입 다물고 있는 것입니다.' 그런 뜻이었을 것이다.

사임당의 남편 덕수 이씨 이원수(李元秀, 1501~1561)는 원래 이름이
난수蘭秀였으나 후에 원수로 고쳤다. 이원수의 아버지는 24세에 벼
슬길에 나가보지도 못한 채 세상을 떠났고, 청상과부 홍씨 밑에서
성장하였다. 그러다보니 학문을 배울 기회도 별로 없었고 지도해
줄 스승이 있는 것도 아닌 환경이었다. 무엇보다도 이원수 자신이
학문과는 담을 쌓고 사는 인물이었다.

율곡이 「선비행장」에서 아버지 이원수에 대해 "성품이 기개가 크
고 호방하여 재산을 관리하는데 알지 못하였으므로 가정형편이 어
려웠다."라고 우회적으로 표현하였지만, 대놓고 얘기하자면 어머니
나 외조부와는 달리 학문을 좋아하지 않고 경제관념도 없고 무능
하여 가정형편이 어려워서 어머니가 고생을 많이 했다는 뜻으로
해석할 수 있다.

또한 이원수가 과거를 통해 벼슬길에 나가지 못한 것은 과거시험
이나 출세에 관심을 두지 않았던 것이 아니라 힘들게 공부하는 것
을 좋아하지 않았고 대신에 소일 삼아 불경을 즐겨 읽었을 것으로
생각한다. 큰 뜻이 있어 출세에 연연해하지 않았다면 을사사화를
일으킨 오촌 당숙의 집에 드나들거나 하지는 않았을 것이다.

이원수에 대한 기록은 율곡의 「선비행장」과 『견첩록見睫錄』, 그리
고 정래주(鄭來周, 1680~1745)가 쓴 『동계만록東溪漫錄』에만 등장한다.

『율곡전서』 시장諡狀에서 이정귀(李廷龜, 1564~1635)는 이원수에 대해

평하기를 "진실하고 정성스러우며 착한 것을 좋아하여 옛사람의 기풍이 있었다."라고 하였지만 이정귀는 대유학자인 율곡의 아버지이기 때문에 높이 받들었을 뿐이고 여러 일화를 꼼꼼히 살펴보면 실제로는 사람 좋은 한량에 지나지 않았던 것이다.

그렇다면 어려서부터 책 읽기를 좋아하여 경서를 독파하고 옛 성현들의 가르침에 따라 군자처럼 살고 싶었던 사임당의 눈에 '서방님' 이원수는 어떻게 비쳤을까? 그것을 엿볼 수 있는 일화 한 대목이 있다.

> 한양 시댁으로 온 지 얼마 안 되던 때였다. 이원수는 친구들에게 부인의 재예를 자랑하고 싶어서 그림을 청하였는데, 사임당은 난감해 했으나 남편이 계속 재촉하자 계집종을 시켜 유기 쟁반을 가져오게 하였고 거기에다 간략하게 하나 그려 보였다.
>
> _ 이이, 「선비행장」

율곡의 「선비행장」에는 "아버지께서 실수하는 일이 있으면 반드시 친히 간諫하고"라는 대목이 나온다. 또한 이능화(李能和, 1869~1943)의 『조선여속고朝鮮女俗考』는 "이공의 학업이 허술하면 신씨가 이를 보태어 그 잘못을 깨닫게 그곳을 바로잡았으니 참으로 어진 아내였다."라고 사임당에 대해 기록하고 있다.

앞의 내용들을 보면 이원수는 부인의 그림 솜씨를 자랑하고 싶어 하면서 남에게 내세우는 걸 좋아하는 인물이며 학문이나 언행에 있어서도 훨씬 못 미치는 것을 알 수 있다. 종이 대신 유기쟁반

『견첩록』. 조선시대의 정치 사회에 관한 문물, 제도, 사회, 풍속 등을 총 66류로 세분하여 기록한 책이다. 엮은이와 엮은 연대는 알 수 없으며, 유교적 윤리관에 입각하여 항목을 설정하였고 인물 중심으로 내용을 전개하였다.

에 그린 것은 그림 솜씨를 보여주기만 하면 되었기 때문이다. 이런 대목에서 사임당이 생각이 깊고 지혜로운 사람이라는 것을 엿볼 수 있다. 남편의 청이니 거절하면 남편 체면이 구겨질 것이고 급하게 그린 그림을 바깥 세상에 내보이는 것은 꺼렸기 때문일 것이다.

앞의 일화를 보면 이원수가 사임당의 그림 솜씨를 높이 평가하였다는 사실과 함께 아내가 그림을 그리는 행위에 대해서도 긍정적으로 생각했다는 것을 알 수 있다. 「선비행장」에서 나타나듯 자식인 율곡의 눈에는 아버지를 잘 보필해주는 훌륭한 어머니로 보였을 것이고 다른 사람에게는 어진 아내로 평가되었을 것이다.

그러나 정작 당사자인 사임당의 속내는 어떠했을까?

아마도 이원수는 하는 일마다 앞 뒤 생각 없이 저지르고 나서 곤란한 지경에 이르러서야 아내에게 의논했을 것이다. 그럴 때마다

사임당의 속은 눈 먼 소경을 보듯 답답했을 것이며 제발 『소학』이
라도 열심히 암송해서 사람 사는 도리를 깨쳤으면 하는 마음이 굴
뚝 같았을 것이다. 이원수의 타고난 성품이 유유자적하게 놀기를
좋아하고 술을 즐기니 집안 살림살이가 어떻게 돌아가는지 관심도
없고 서책은 들여다보지도 않으니 과거시험을 볼 생각도 없는 것
같고 옆에서 보고 있는 사임당의 속은 시커멓게 타들어갔을 것이
다. 그래도 남편 되는 위인이 심성은 모질지 않고 권위적이지 않으
니 그것으로 위안을 삼지 않았을까 싶다.

한편 사임당과 남편 이원수에 대한 일화가 강릉 일대에 전해 내
려오는데 이원수의 성격을 엿볼 수 있다.

> 사임당이 오죽헌에 살 때의 일이다. 어느 날 그녀는 남편을 불러
> 놓고 마주 앉아 말하기를 "남자로서 이 세상에 태어나 그럭저럭
> 한세상 살다 죽으면 무슨 의미가 있겠습니까? 모름지기 남자는
> 학문을 닦아 세상에서 필요로 하는 사람이 되어야 한다고 생각
> 합니다. 그러니 우리가 10년 동안 떨어져서 당신이 학문을 닦은
> 뒤에 만나기로 합시다."
> 마침내 이공은 사랑하는 부인을 처가에 남겨 두고 한양을 향해
> 서 길을 떠났다. 그러나 처가인 오죽헌에서 20리 되는 성산이란
> 곳까지 갔다가 날이 저물기를 기다려 집으로 되돌아왔다. 그러
> 자 사임당은 깜짝 놀라며 냉정히 돌려보냈다. 이튿날도 그는 다
> 시 길을 떠나지만 대관령 가맛골이라는 곳까지 40리를 갔다가
> 다시 집으로 되돌아오고 사흘째 되는 날에는 대관령 반쟁이라는

곳까지 갔다가 역시 돌아왔다.

사임당은 "대장부가 한 번 뜻을 세우고 십 년을 작정하고 학업을 닦으러 길을 떠났건만, 이같이 사흘을 잇달아 되돌아온다면 앞으로 무슨 큰일을 하겠습니까?"라고 하며 실망에 빠졌다.

남편인 이원수가 대답하기를, "학업도 학업이지만 나는 도저히 당신을 떠나서 10년이란 긴 세월을 따로 있을 수가 없소. 한 시각도 떨어질 수가 없는 데야 어쩌겠소." 했다.

마침내 사임당은 바느질 그릇에서 가위를 꺼내들고 남편 앞에 놓고 처연한 목소리로 말했다. "당신이 이같이 나약한 마음을 먹고 학문을 성취하지 않겠다면 이는 사람다운 사람 되기를 포기한 것으로 알겠습니다. 그러니 저는 세상에 희망이 없는 몸이라 어찌 더 오래 살기를 바라겠습니까? 이 가위로 머리를 자르고 여승이 되어 산으로 들어가겠습니다."

이 말을 들은 이원수는 깜짝 놀라며 사임당과 굳은 약속을 하고 서울로 올라가 학문에 전념하였다.

이원수는 사내대장부가 십년공부를 하겠다고 아내와 약조하고도 그것을 지키지 못할 정도로 의지가 약할 뿐더러 학문에 뜻이 없는 대신 아내 곁에서 운우지정雲雨之情을 나누며 평범한 남편으로 살기를 원했던 것 같다.

이원수의 할아버지 이의석은 좌참찬을 지냈으니 지금으로 보면 장관급에 해당한다. 그 정도 지위에 올랐다면 학문이나 소양면에서 충분히 자격을 갖췄을 것이다. 그런데 손자인 이원수가 학문에 뜻이 없었던 것은 어린 나이에 어버지를 여의고 홀어머니 밑에서 성장했던 것이 가장 큰 이유인 듯하다.

사임당은 평생 '뜻을 세우라'고 자녀들을 가르쳤다. 물론 그 자신이 일찍이 뜻을 세운 인물이었다. 그런데 이원수는 바로 그 '뜻'을 세우지 않았기 때문에 일생을 조상의 음덕陰德[15]과 친척의 연줄로 하급 직책을 맡아 외지로 떠돌았다. 이원수는 과거 공부를 3년 하였으나 낙방한 뒤 음덕으로 겨우 벼슬을 한 때가 50세였으니, 혼인 28년 만이었다. 관직 또한 수운판관의 종5품이라는 변변치 않은 직책이었다. 이원수가 수운판관에 오른 뒤 1년 후에 큰아들과 율곡을 데리고 평안도에 갔다가 일을 마치고 배를 타고 오는 도중에 사임당은 삼청동 집에서 세상을 떠났다. 이원수는 아내의 임종도 보지 못한 것이다.

이때에 자당(사임당)은 수점水店으로 편지를 보내시면서 꼭 눈물을 흘리며 편지를 썼는데 사람들은 그 뜻을 몰랐다.

5월에 조운漕運이 끝나 가군(이원수)께서 배를 타고 서울로 향하였는데, 당도하기 전에 자당께서 병환이 나서 겨우 2~3일이 지났을 때 모든 자식들에게 이르기를, "내가 살지 못하겠다." 하셨다. 밤

15   음서蔭敍 또는 음덕蔭德으로 표현하기도 한다. 고려와 조선시대에 중신 및 양반의 신분을 우대하여 친족 및 처족을 과거와 같은 선발 기준이 아닌 출신을 고려하여 관리로 사용하는 제도이다. 보통 생원시나 진사시에는 합격했으나 대과에 응시할 역량이 되지 않는 고관대작의 자제들이 음서로 관직에 진출하는 것이 보통이었다.

중이 되자 평소와 같이 편히 주무시므로 자식들은 모두 병환이
나은 줄로 알았는데 17일(갑진) 새벽에 갑자기 작고하시니 향년이
48세였다.

그날 가군께서 서강西江에 이르렀는데 율곡도 배행했다.

행장 속에 든 유기그릇이 모두 빨갛게 되었으므로 사람들이 모
두 괴이한 일이라고 했는데 조금 있다가 돌아가셨다는 기별이 들
려왔다.

_ 이이, 「선비행장」

같은 부모에게서 태어난 형제끼리도 성품과 기질은 제각각이다.
그러나 사람이 어떤 환경 속에서 성장했는가는 그 인생의 나침반
과도 같이 작용한다. 그래서 선천적인 능력도 중요하지만 후천적인
환경이 어떠했으며 어떤 교육을 받았는가가 그 사람의 삶을 좌우
하기도 한다.

사임당이 아무리 총명하고 타고난 재능이 많아도 가난한 평민
의 딸로 태어났다면 그의 삶은 180도 달라졌을 것이다. 반대로 이
원수가 조부나 아버지에게서 학문을 배웠다면 뜻을 세우고 과거에
급제하여 당당한 삶을 꾸려갔을지도 모른다. 이원수의 우유부단하
고 유약한 성격은 홍씨 부인이 대찬 성품이 아니었기 때문에 아들
을 엄하게 가르치기보다는 본능적인 모성에 의존해서 키웠기 때문
이 아니었을까.

사임당이 평생 남편에게 학문에 힘쓰라고 한 까닭은 앞에서 본
듯이 배움이 있어야 사람 노릇을 할 수 있다고 여겼기 때문이다.

아마도 사임당은 남편이 옛 성현들의 글을 읽으면서 조금이라도 인격적 수양에 힘쓰기를 바랐는지도 모른다.

율곡이 어머니의 임종을 지켜보지 못한 안타까움과 그리움에 동년배인 최립[16]에게 보낸 글을 보면 학문은 옛 성현들의 덕을 목표로 하는 것이며 스승이 없으면 깨우치기가 어렵다고 토로하였다. 이는 사임당이 자신과 남편과 자식들에게 평생 바라던 일이기도 하였다.

'사람이 재주가 있고 없는 것은 배우고 배우지 않은 데 달려 있고, 사람이 어질고 어질지 못한 것은 행하고 행하지 않은 데 달려 있다.' …… 장부가 배우지 않는다면 모르거니와 배운다면 마땅히 옛날 성현들의 성덕한 것을 목표로 삼을 것이지 어찌 스스로를 한정하여 물러서겠으며, 마지막 한 삼태기를 덜한 자리에서 공이 허물어지도록 그만두겠는가? 그렇지만 참으로 스승의 가르침이 없으면 스스로 통달하고 스스로 깨치기는 어렵습니다. 아무리 성인이라 해도 오히려 스스로 좇아 배우는데 하물며 보통 사람이겠습니까?

_ 『율곡전서』 3, 「여최립지與崔岦誌」

16 최립(崔岦, 1539~1612)은 조선중기의 문인 겸 문신이다. 율곡 이이 등과 함께 선조 대 8대 명문장가로 꼽히며, 외교문서의 대가로 중국에까지 명성을 떨쳤다. 당색으로는 서인이며 『동의보감』을 저술한 허준과 명필로 알려진 한석봉과 절친한 사이였다.

"제가 죽은 뒤에 당신은
다시 장가를 들지 마셔요"

그러면 사임당과 이원수의 부부관계는 어떠했을까?

두 사람은 사임당이 19세에 혼인하여 48세에 죽었으니 혼인생활은 29년인 셈이다.

사임당이 맏아들 선을 낳은 것이 21세, 맏딸 매창은 26세, 그리고 둘째 아들 번璠과 둘째 딸, 33세에 셋째 아들 율곡을 낳고 그 뒤로 셋째 딸을 낳고 39세에 막내아들 우瑀를 낳았으니 4남 3녀의 자식을 두었다. 얼핏 보기엔 다복한 가정을 이룬 것 같았지만 실제로 사임당의 혼인생활은 행복하지 않았다.

흔히 사임당과 허난설헌[17]을 비교하면서 첫째로 언급되는 것이 남편 이야기이다.

사임당은 착하고 성품이 좋은 남편을 만났는데 반해 허난설헌은 그녀 자신이 "세 번째 한恨"이라고 표현할 정도로 사이가 좋지 않았던 남편을 만났으니 사임당은 남편 복이 있었다는 것이다. 그러나 사임당의 남편 이원수나 허난설헌의 남편 김성립은 학식이나

17 허난설헌(1563~1589)은 조선 중기의 대표적인 여류 문인의 한 사람이며, 본명은 초희楚
姬 호는 난설헌蘭雪軒이다. 초당 허엽許曄의 딸이고 허균許筠의 누이이다. 강릉에서 태
어나 초당에서 어린 시절을 보냈다. 300여 수의 시와 기타 산문, 수필 등을 남겼으며
213수 정도가 현재 전한다. 남편 김성립과 시댁과의 불화와 두 자녀의 죽음과 유산 등
연이은 불행을 겪으면서도 많은 작품을 남겼다. 1608년(선조 41년) 남동생 허균許筠이
문집을 명나라에서 출간함으로써 알려졌다.

인격의 수준에서 초록동색, 유유상종이라는 말이 딱 들어맞을 정도로 공통점이 많았다.

두 사람 다 명문가(덕수 이씨, 안동 김씨) 자손이지만 놀기 좋아하고 풍류를 즐기며 여색을 탐하면서 공부에 뜻이 없고 자신들보다 잘난 여성 지식인을 아내로 맞이하여 자격지심과 열등감이라는 콤플렉스에 시달렸던 점에서도 같았다.

그러나 이원수는 슬하에 7남매를 둔 것으로 보아 김성립과 달리 부부 사이가 그리 나쁘지는 않았을 것이다. 다만 사임당이 남편에게 늘 학문에 힘쓸 것을 권하였기 때문에 이원수는 타고난 기질과 자유분방하게 살아온 습성으로 밖으로 돌았을 뿐이었다. 그리고 아내를 존경하고 정신적으로 의존했던 부분도 있었던 것 같다. 그러나 성인군자 같은 아내 앞에서 이원수는 언행도 조심해야 하고 늘 가르치듯 하는 아내에게 주눅이 들었던 것 같다. 사임당과 사별한 그가 평생 끼고 살던 첩 권씨를 냉큼 안방마님으로 들어앉힌 것도 그 때문이었다.

한편 허난설헌의 남편 김성립은 기방 출입이 일상이요 밖에서 지내는 일이 태반이었고 시집 식구들의 냉소와 소외 속에서 사는 허난설헌을 돌보지 않았다.

사임당과 허난설헌이 자신들보다 못나고 용렬한 남편을 만나 속 끓이고 산 것은 똑같은 처지였다. 학식에 있어서도 두 여성은 우열을 가리기 힘들 정도로 뛰어난 인물들이다. 다만 사임당은 그림을 그리고 7남매의 교육에 힘쓰면서 자신의 고통스런 현실을 극복하고자 했고, 허난설헌은 시와 문장을 지으면서 남편과 세상을 향해

울분을 쏟아내었던 것이다.

그리고 사임당의 남편 이원수가 권씨를 첩으로 삼을 정도면 그의 됨됨이와 수준을 알 만한 것이며 기생집인들 다니지 않을 턱이 없었다. 사임당이 '서방님'에 대해 한마디도 언급하지 않은 까닭은 말할 것이 없었기 때문이 아니라 '말하고 싶지 않았기' 때문이었을 것이다. 남편의 부족함이나 원망을 드러낸다는 자체를 자존심이 허락하지 않았던 것이다. 그리고 군자가 되고자 했던 열망이 자신의 속내를 잠재웠을 것이다. 그 점이 사임당과 허난설헌의 다른 점인 듯하다. 사임당은 수행자나 군자의 모습에 가까운 반면 허난설헌은 자신의 감정을 글로 표현하는 문인이었던 것이다.

두 여성 모두 타고난 기질이 열정적이고 다정다감한 편이었음에도 불구하고 흔히 말하는 '남편 복이 없는 팔자'였다.

사임당의 남편 이원수는 겉으로는 아내의 말을 듣는 척해도 결국은 자기 하고 싶은 대로 하는 인물이었다. 사임당과 남편 이원수가 대화한 내용을 읽어보자.

사임당 : 제가 죽은 뒤에 당신은 다시 장가를 들지 마서요. 우리에게 7남매의 자녀가 있는데, 다른 자식이 필요하며 또 다시 무슨 자식을 두어 『예기』에 가르친 훈계를 어길 수가 있겠어요?

이원수 : 공자가 아내를 내보낸 것은 무슨 예법에 맞는 것입니까?

사임당 : 공자가 노나라 소공 때 난리를 만나 제나라 이계라

는 곳으로 피난을 갔는데, 그 부인이 따라가지 않고
송나라로 갔기 때문입니다. 그러므로 공자가 그 부
인과 다시 동거를 하지 아니했을 뿐 아주 내쫓았다
는 기록은 없습니다.

이원수 : 그러면 증자가 부인을 내쫓은 건 무슨 까닭입니까?

사임당 : 증자의 부친이 찐 배를 좋아했는데 그 부인이 배를
잘못 쪄서 부모 봉양하는 도리에 어긋남이 있었기
때문에 부득이 내쫓은 것이지요. 그러나 증자도 한
번 혼인한 예의를 존중하여 다시 새 장가를 들지는
아니한 것이지요.

이원수 : 주자의 집안 예법에는 이 같은 일이 일어났지 않았
습니까?

사임당 : 주자가 47세 때 부인 유씨가 죽고 맏아들 숙은 아직
장가를 들지 않아 살림할 사람이 없었지만 주자는
다시 장가를 들지는 않았지요.

_ 정래주,『동계만록』

한편 사임당이 남편에게 '재혼하지 말라'고 한 대목을 두고 남편
에게 당당하게 요구했다고 해석하는 경우도 있으나 내용을 보면
요구가 아니라 유언이자 부탁에 가깝다. 또한 사임당이 살았던 16
세기에는 사회 전체가 여전히 여권이 강했고 남편과 아내의 관계도
그리 차별적이지 않았다.

1998년 4월에 발견된 '원이 엄마의 편지'에서도 아내인 원이 엄마

가 1586년에 31살의 나이로 죽은 남편 이응태(李應台)에게 '자내'라는 호칭을 계속 쓰고 있다. 자내는 임진왜란 전까지는 상대를 높이거나 최소한 동등하게 대우해 부르는 호칭이었다.

또한 사임당과 같은 시대 문인이었던 유희춘의 부인 송덕봉은 남편이 홍문관 부제학이 되어 서울에 머물면서 "넉 달 동안 여색을 가까이하지 않았으니 고마워하라."는 편지를 보내오자 다음과 같은 답장을 보내 남편 코를 납작하게 만들기도 하였다.

> 군자가 행실을 닦고 마음을 다스리는 것은 본래 성현의 가르침이지, 어찌 아녀자를 위해 힘쓴 일이겠소. 마음이 이미 정해져 물욕에 가리워지지 않으면 잡념이 없는 것이니 어찌 규중 아녀자에게 보답을 바라시오.
>
> _ 유희춘, 『미암일기』

한편 사임당이 남편에게 단호하게 충고를 하였다는 일화가 『견첩록』에 전해진다.

남편 이원수에게 오촌 아저씨가 있었으니 연산군 7년(1501)에 문과에 급제한 이기(李芑, 1476~1552)였다. 그는 문무에 재주가 뛰어났으나 장인이 재물을 탐했기 때문에 높은 벼슬을 얻지 못하였다. 나중에 인종 때(1545)에 우의정이 되자 윤원형과 결탁하여 을사사화를 일으켜 많은 선비들을 죽음으로 몰아넣었다. 권세가 높아지자 많은 사람들이 그의 집을 드나들었고 이원수도 그 무리 중 한 사람이었다. 이 사실을 알게 된 사임당은 남편에게 "이기처럼 야박스럽게 모은 재물은 오래가지 못하고 인간으로서 지켜야 할 윤리와 도리에 어긋나면 얼마 아니 가서 곧 망하게 됩니다."라고 하면서 발길을 끊으라고 간청하였다.

그리고 『시경』에 나오는 군자의 덕을 칭송한 시를 읊어주었다.

뻐꾸기 뽕나무에 앉아 있네
새끼는 일곱 마리
어지신 군자여
그 거동 한결같아라
마음도 묶은 듯 단단하여라

뻐꾸기 뽕나무에 앉아 있네
그 새끼들 매화나무에 앉아 있네
어지신 군자여
그 맨 띠는 비단 띠이어라
고깔모자에는 구슬 달렸어라

뻐꾸기 뽕나무에 앉아 있네
그 새끼들 가시나무에 앉아 있네
어지신 군자여
그 모습 어긋남 없어라
온 천하를 바로잡으신다

뻐꾸기 뽕나무에 앉아 있네

그 새끼들 개암나무에 앉아 있네

어지신 군자여

온 나라 백성을 바로잡으신다

어찌 만세토록 영원하지 않으랴

_『시경』「조풍 시구鳲鳩」

주자는 이 시에 대해 "시구(뻐꾸기)는 새끼들에게 먹이를 먹일 때 아침나절에는 윗놈부터 순서대로 먹이고 저녁나절에는 끝의 놈부터 역순으로 먹여서 공평하기가 한결같다."고 주注를 달았다.

사임당이 이 시를 읊어준 까닭은 명확하다. 가정을 제대로 돌봐야 나라 일도 할 수 있는 것이니 여기서 자신의 자식들을 '뻐꾸기 일곱 마리'에 비유하고 군자로 표현되는 인간의 도리를 지켜야 한다고 따끔한 충고를 한 것이다.

이원수는 어떻게 해서든지 당숙의 연줄로 높은 벼슬을 하고자 해서 선뜻 응하지 않았지만 결국 아내의 뜻대로 이기의 집에 발길을 끊었다고 한다. 어떤 이들은 사임당이 앞을 내다보는 능력이 있어 남편을 내조한 것이라고 하지만 그보다는 이기가 옳지 않은 일에 앞장서는 것이 의롭지 않다고 판단했고 반드시 훗날 그 죗값을 치를 것이라 여겼기 때문일 것이다. 그런데 지지리도 못난 남편은 그 권세에 빌붙어 벼슬자리를 구걸하고 다녔으니 사임당은 죽기 살기로 뜯어말렸을 것이다. 훗날 화가 미친다면 자신의 아이들이 더 걱정되었기 때문이다.

그런데 이원수가 종5품 수운판관에 임명된 명종 5년(1550)에 이기가 영의정이었다는 사실은 어떻게 해석해야 할까? 어쩌면 이원수가 아내 몰래 이기에게 청탁을 넣었고 이기는 오촌 조카에게 말단직인 종5품을 받도록 영향력을 행사했는지도 모른다. 이원수의 됨됨이를 보면 충분히 그러고도 남을 인물이다.

여러 사람이 이원수에 대해 평하기를 부인의 말을 잘 들었고 반드시 의논하여 마치 아내의 의견을 존중하는 남편처럼 보았지만 실제로 그는 아내의 간곡한 유언도 묵살할 정도로 자기 본능에 충실한 성격이었고 인륜이나 도의에는 무관심하면서 세속적인 명예나 애욕을 추구하는 인물이었다고 추측된다.

한편 선조 즉위 후 을사사화가 날조로 밝혀지면서 이기는 윤원형 등과 함께 을사사화의 원흉으로 지목되고, 사림에게 해를 가했다 하여 언관言官들의 맹비난을 받고 묘비墓碑도 제거되었다.

이기와 윤원형들을 따르던 무리들이 모두 화를 입었으나 이원수는 이미 죽은 지 몇 년 후였다. 흔히 이원수가 사임당의 말을 들어서 화를 면했다고 하는데 이는 사실이 아니다. 선조가 즉위한 해는 1568년으로 율곡이 33세 되던 해인데, 이원수는 율곡이 26세 때 이미 세상을 떠났기 때문이다. 그리고 언관의 탄핵 상소가 있기 몇 달 전에 율곡이 먼저 을사사화[18]를 일으켜 공훈을 받은 자들에

18 1517년(중종 12)에 윤지임의 딸이 제2계비 문정왕후로 책립되어 경원대군(뒤의 명종)을 출산하였다. 이에 문정왕후의 형제인 윤원로·윤원형이 경원대군을 세자로 책봉하려 꾀하면서 세자의 외숙인 윤임(장경왕후의 아우)과 본격적인 대립·알력이 시작되었다. 윤임

대한 위훈僞勳을 고치라고 청하였다는 기사가 실록에 나타나 있다.

그런데도 간흉奸兇들이 감히 하늘의 공을 탐내어 사람을 참벌斬
伐함으로써 위공僞功을 녹훈했는지라 신명과 사람이 함께 분개한
지 오래입니다. 이제 성상의 신정新政벽두를 당하여 위훈僞勳을
삭제하고 명분을 바로잡음으로써 국시國是를 정하는 일을 늦추어
서는 안 됩니다.

_『선조실록』, 선조 2년 9월 25일

사임당의 남편 이원수는 평생을 처가 덕으로 놀고먹으면서 심
심풀이로 불경이나 읽고 군자 같은 아내에게 정신적으로 의지하는
한편, 딸 같은 여자를 끼고 살던 한량이었다. 재혼을 한 후에 자식
들이 받을 상처나 고통에 대해서는 생각도 해보지 않고 자신의 욕
망에만 충실했던 인물이라고 할 수 있다.

『동계만록』 내용으로 미루어보면 사임당의 학문수준이 대단했으
며 아마도 자신이 오래 살지 못할 것을 예감하고 남편에게 유언처
럼 당부한 것임을 알 수 있다.

일파를 대윤, 윤원형 형제 일파를 소윤이라고 했는데 그러던 중 중종이 승하하고 인종
이 왕위에 오르자, 외척인 윤임을 중심으로 하는 대윤파가 득세하였다. 인종은 즉위하
여 중종 말년부터 진출해 있던 사림파를 중용했으나 재위 8개월 만에 세상을 떠났다.
이에 12세의 경원대군이 즉위했다. 모후인 문정왕후의 밀지를 받은 윤원형이 이기, 정순
붕 등과 모의하여 명종의 보위를 굳힌다는 미명 아래 을사사화를 일으켰다. 을사사화
는 척신인 윤원형이 권신인 이기와 결탁하여 윤임 및 사림파에게 타격을 가한 정치보복
이었다.

그러면 사임당은 왜 재혼하지 말라고 성현의 예를 들어가면서 간곡하게 부탁을 하였을까?

　남편 이원수에게는 큰아들 또래의 권씨라는 첩이 있었는데, 사임당은 자신이 죽으면 권씨와 재혼할 것이라고 예측하였다. 그녀는 남편이 재혼하는 게 싫은 것 이전에 권씨가 후처로 들어오면 자식들에게 나쁜 영향을 끼치거나 패악을 부릴 것을 걱정했던 것이다. 사임당은 남편이 권씨와 살림을 차리면서 평생 가슴앓이를 하고 정신적 고통에 시달렸던 것으로 보인다. 권씨의 행실에 대해서도 잘 알고 있었던 듯하다.

　율곡의 「선비행장」에서 '시어머니 앞에서는 희첩姬妾도 꾸짖는 법이 없고'라는 대목에서 '희첩'은 권씨를 지칭하는 것으로 보인다.

　사임당이 보기에 남편이란 사람은 사내대장부로 태어나 학문을 닦지 못하여 과거에도 낙방하고 겨우 조상 덕에 말단 관직으로 있는 주제에 첩까지 둔 것도 한심한 지경인데 게다가 상대가 20년이나 어린 여자라니, 참으로 기가 막힐 노릇이 아닐 수 없었다.

　대쪽 같은 성품에 덕망 높은 외조부와 아버지 밑에서 자란 사임당 입장에서 이원수를 보면 '대우탄금對牛彈琴'이라 소를 마주하고 거문고 타는 것과 같고, 하는 행실은 '못된 송아지 엉덩이 뿔난 격'이라, 어쩌면 그녀는 아버지를 원망했을지도 모른다. 이원수가 주막집 주모인 권씨를 첩으로 삼은 것은 그야말로 가문의 망신이요 자의식이 강했던 사임당으로서는 견딜 수 없는 치욕이었을 것이다. 대부분의 여성들이 가장 분노하고 굴욕을 느끼는 상황이 내 남자에게 다른 여자가 생겼는데 그 여자가 나보다 잘난 구석이라곤 없는 여자였을 때라고 하지 않은가.

사임당이 오랫동안 앓았던 병은 이른바 '화병'이라고 짐작된다. 사임당의 친정어머니인 이씨 부인이 아흔 가까이 장수한 것을 보면 본래 병약한 체질은 아니었던 것 같다. 그녀가 7남매를 교육시키면서 어머니로서가 아니라 스승 역할을 했던 것도 혹여 자식들이 남편처럼 허랑방탕한 인생이 될까 노심초사했기 때문은 아니었을까.

또한 그녀가 붓글씨를 열심히 쓰고 그림을 그린 것도 답답한 현실과 정신적 고통을 극복하기 위한 방편이었을 것이고 자신의 자아를 구축하는 일종의 연금술錬金術이었던 것이다. 단적으로 표현하면 현실적인 어려움과 내면의 고통을 서예와 화업으로 승화시킨 구도求道 행위였다고 볼 수 있다.

바로 이런 점이 오늘날 사임당의 진면목을 다시 살펴보아야 할 충분한 이유가 된다. 자신의 앞에 놓인 고통스런 현실을 직시하고 받아들이면서도 그 상황에 굴복하거나 매몰되지 않고 자신의 주체적 삶을 꾸려간 사임당의 의지와 열정은 오늘날 많은 여성들에게 시사하는 바가 크다.

조선시대 사대부가 본처 외에 첩을 두는 것은 법률에 저촉되는 행위는 아니었다. 그러나 여성들 입장에서는 속에서 천불이 날 지경이었고 처첩간의 갈등은 나중에 살인사건으로까지 이어지는 경우가 종종 있었으며, 조선후기로 갈수록 심해져서 사회문제로 대두하기도 하였다.

숙종 때 김만중(金萬重, 1637~1692)이 쓴 고전소설 『사씨남정기謝氏南征記』가 처첩제도를 소재로 하여 오랫동안 여성들 사이에서 널리 읽혔던 데에도 이런 배경이 있었다.

1551년, 48세의 사임당은 한양 수진방(지금의 청진동)에서 삼청동으로 이사를 하였다. 그리고 5월에 병으로 자리에 누워 자식들을 모아 놓고 "내가 다시 일어나지 못할 것이다."라는 한마디를 남기고 홀연히 세상을 떠나고 말았다. 큰아들 선이 28세, 셋째 아들 율곡이 16세, 막내아들 우는 11세였다.

율곡의 서모 권씨는
과연 악녀이며 주막집 주모였을까?

한편 이원수의 첩이자 율곡의 서모인 권씨는 사임당에게 평생 혀에 돋은 헛바늘 같은, 가슴에 지워지지 않는 인두 자국 같은 존재였다.

3년 내리 과거시험도 낙방하고 건달처럼 하루하루를 보내던 남편이 큰아들 또래밖에 안 되는 젊은 여자 치마폭에서 허송세월이나 하고 있으니 사임당의 심정은 이루 말할 수 없이 참담했을 것이다. 물론 남편 이원수의 입장에서 사임당은 더할 나위 없는 배필이요 존경할 만한 부인이지만 호랑이처럼 느껴졌을지도 모른다. 반면에 권씨는 딸 같은 나이에 술도 잘 마시고 자유분방하고 감정에 솔직하니 이원수는 그녀 앞에서 큰소리도 칠 수 있고 마음이 편하기 때문에 그 치마폭에서 헤어나기 싫었던 것이다. 이원수에게 유교적 예법 같은 것은 눈에 들어오지도 않았으니 부부의 도리나 부모로서의 책임감도 있을 리 만무했다.

옛말에 '호로 자식'이라고 하는 것은 배운 데 없이 제멋대로 자라서 교양이 없는 사람을 가리키는 말이다. 즉, 아버지가 없이 홀어머니 밑에서 자랐기 때문에 엄한 교육을 받지 못하고 자랐다는 뜻이다. 이원수는 6살에 아버지가 돌아가시고 홀어머니 손에 자라면서 엄격한 가정교육이나 예법 등을 보고 배울 기회가 없었던 것이다. 또한 여러 기록에서 권씨가 술을 즐거했다는 것으로 미루어보면 이원수와 권씨는 기질이나 성정이 비슷하여 서로 잘 통했던 듯하다.

한편 혼인한 여성의 가장 큰 고통은 남편의 사랑을 받지 못하는 것이고, 그보다 더한 것은 자신보다 못났거나 한창 어린 여성에게 남편을 빼앗겼을 때이다. 아무리 군자의 덕을 쌓았다 하더라도 사임당 역시 여성의 몸을 갖고 사는 존재이다. 더욱이 타고난 성품이 다정다감했다고 하니 그녀가 받은 상처와 분노, 좌절과 고통은 죽기보다 더했을 것이다.

'겉보리를 껍질째 먹은들 시앗이야 한 집에 살랴'라는 속담은 첩을 둔 부인들의 고통을 표현한 것이다. 그런데 사임당은 권씨가 술을 마시면 주사가 심하고 앞뒤 분간 없이 제멋대로 하는 행실에 대해 익히 알고 있었고 그 점을 근심하였다.

아니나 다를까, 사임당의 예상은 적중했다. 이원수는 아내가 세상을 뜨자 기다렸다는 듯이 권씨를 안방에 들어앉혔다. 그러나 사임당 소생의 자식들과 권씨는 사이가 좋지 않았고 장남 이선은 권씨와 매일같이 싸웠다. 배운 것이라고는 주막에서 술파는 것밖에 없던 자기 또래의 젊은 여자를 어머니랍시고 대우해야 하는 장남과 대접을 받으려고 하는 권씨가 갈등을 겪은 것은 당연하다.

반면에 권씨 입장에서는 집안 사람들이 우러러보던 사임당과는 달리 자신에게 쏟아지는 냉소와 멸시의 시선을 견딜 수가 없었을 것이다. 거기에다 나이가 어리다는 콤플렉스까지 복합적으로 작용하여 사임당의 자식들을 더 괴롭혔던 것은 아닐까.

『명종실록』에는 아버지의 서모庶母가 율곡을 사랑하지 않았다는 기록이 나온다. 율곡이 금강산으로 출가한 것도 서모 권씨와의 갈등이 중요한 요인이 되었을 것이다.

군자의 풍모로 매사에 예법을 따르던 사임당과는 달리 권씨 부인은 술을 무척 좋아해서 새벽부터 술을 몇 잔 마셔야 겨우 자리에서 일어나는 성격이었고, 조금만 비위에 거슬리는 일이 있어도 빈 독에 머리를 박고 엉엉 울어댄다든가 노끈으로 자살 소동을 벌이는 등 행패가 심하였다고 한다. 그야말로 술에 취하면 주사가 심했던 것이다.

한마디로 '개꼬리 삼 년 묵어도 족제비털 안 된다'고, 권씨 입장에서는 자유분방하게 살다 하루아침에 사대부 가의 부인 노릇하기도 죽을 맛이었을 것이다. 게다가 사임당의 자식들은 예법에 충실하여 법도를 지키려 했을 테고 그것을 보는 권씨는 숨이 막힐 지경이었을 것이다.

조선후기의 문신으로 예학에 밝았던 학자인 박세채(朴世采, 1631~1695)는 율곡과 서모 권씨의 관계를 이렇게 기록하고 있다.

…… 선생의 서모가 패악함이 심해 조금이라도 뜻대로 되지 않으면 목매어서 죽으려고 하여 사람들이 달려가 구하여 그치도록 하였고, 또한 서모와 맏형의 관계가 특히 좋지 않아 선생이 두 사람의 관계를 말리고 사리事理로 간하기를 힘껏 하였으나 끝내 되지 않자 마침내 아버지에게 그 일을 울며 아뢰었고, 어느 날에는 책을 넣어두는 상자를 닫고 길을 떠났다. 그 속에는 부형父兄과 서모 앞으로 된 세 통의 편지가 들어 있었다. 그 편지의 끝에는 다음과 같은 내용이 적혀 있었다.

'끝내 화합하지 못한다면 차라리 죽어 아무것도 모르는 것이 낫습니다.'

_ 박세채, 『남계집南溪集』

셋째 아들인 율곡은 스승 같은 어머니를 잃은 슬픔도 추스르기 힘든 열여섯 나이에 듣지도 보지도 못한 행실의 계모가 핍박하는 걸 견디기가 쉽지 않았을 것이다. 무엇보다도 율곡에게 사임당은 혈육인 어머니이기도 하지만 존경하는 스승이었던 것이다. 그야말로 하늘이 무너지는 심정인데 나이 어린 여자가 서모로 들어와 집안을 시장통에 불난 것처럼 휘저으면서 괴롭히니 오죽하면 집 떠나서 중 될 생각을 하였을까.

율곡은 이미 13세에 진사초시進士初試에 합격하였으니 앞길이 창창한 수재였다. 훗날 22세에 장원급제하고 이후부터 과거 때마다 장원을 하여 구도장원九度壯元이란 칭송을 받았다. 그런 그가 어머니 사임당의 3년 시묘를 마친 이듬해에 금강산에 들어가 절에서 지

사임당 표준영정(왼쪽)과 사임당의 셋째 아들 율곡(오른쪽). 율곡에게 사임당은 어머니이자 스승이자 정신적 기둥이었다.

냈는데 금강산에 간다는 이야기를 아버지에게 고하지도 않고 편지
한 장 덜렁 남기고 떠나버렸던 것이다.

당시에는 시묘살이도 1년이면 마치는데 굳이 3년을 고집한 것도
집안에 있기 괴로웠기 때문이었다. 3년 동안의 시묘생활도 모든 절
차를 '주자가례朱子家禮'에 따랐다. 상복과 삼베 띠를 벗거나 풀지 않
았고 제찬을 올리는 것과 제기를 씻는 등의 모든 일을 비복들에게
시키지 않고 직접 하였던 것이다.

한편 율곡이 이후로도 자기 형들에 대한 행장은 쓰면서도 아버
지에 대한 기록을 남기지 않았다는 사실로 미루어 그가 받은 고통
과 함께 아버지에 대한 인식이 어떠했는지 짐작할 수 있다. 영특하
고 바르게 자란 소년의 눈에 아버지의 행태가 얼마나 한심해 보였

겠는가. 이때 율곡이 얼마나 고통스러워했던가는 다음 기록을 통해 알 수 있다.

…… 이이를 호조좌랑으로 삼았다. 이이는 사람됨이 총명 민첩하였고, 널리 배우고 기억력이 매우 뛰어났으며, 글도 잘 지어 명성이 일찍부터 드러났었다. 한 해에 연이어 사마시와 문과의 두 시험에 장원으로 뽑히자 세상 사람들이 부러워하였다. 다만 소년 시절에 아버지의 첩에게 시달림을 당하여 집에서 나가 산사를 전전하며 붙어 살다가 오랜 기간이 지나서야 돌아왔다. 혹자는 '머리를 깎고 중이 되었다'고 하였다. 그 무렵 그가 읊은 시는 '전생의 몸은 바로 김시습[19]이었고, 이 생에서는 바로 가낭선[20]이 되었네'라고 하였다.

_『명종실록』, 명종 19년(1564) 8월 30일

한 해에 연이어 두 시험에 장원으로 뽑힌 천재소년이 한창 공부에 열중할 나이에 불운한 시인들에 자신을 비유하며 절간에 몸을 의탁했던 것이다.

19 김시습(金時習, 1435~1493)은 조선초기의 문인, 학자이다. 생육신의 한 사람이다. 호는 매월당梅月堂. 수양대군의 단종에 대한 왕위 찬탈에 불만을 품고 은둔생활을 하다 승려가 되었으며 벼슬길에 오르지 않았다

20 가낭선(賈浪仙, 779~843)은 '퇴고推敲'라는 말의 유래가 된 일화의 주인공으로 중국 당나라 시인. 집안이 가난하여 일찍이 출가하여 승려가 되었다.

그가 시에서 인용한 김시습과 가낭선은 자신과 똑같이 불운한 승려 출신 시인들이었으니 당시 율곡의 심정이 어떠했는지 능히 짐작할 만하다.

이이는 열아홉 살 때 금강산 마하연으로 들어가 머리를 깎고 의암이라는 법명으로 불교 수행을 하였다. 당시 상황을 보면 율곡이 인생의 삶과 죽음에 관해 번민한 나머지 금강산 절로 들어간 것은 분명하다.

> 이이는 어려서부터 문장으로 이름이 나 있었고, 일찍 모친상을 만나 장례를 치르는 데 정성이 지극하였다. 그 아비의 첩이 그를 사랑하지 않았고, 또 아비 이원수가 일찍이 불경을 좋아하였는데, 그의 나이 16~17세 때 한 중이, 죽은 사람의 영혼을 위해 복을 빈다는 말로 그를 유혹하므로, 그는 가족에게 알리지도 않고 곧 의복을 정돈하여 금강산으로 들어갔다. 수년 만에 그 허황함을 알고 돌아왔다.
> 이 때문에 훗날 그가 죽은 후에까지도 '머리를 깎고 승려가 되려다가 환속한 사람'이라고 동인과 남인이 공격하는 빌미가 되었다. 특히 허목許穆은 이율곡을 '유학자의 옷을 입은 불교 승려'라고 비판하였고 윤휴尹鑴도 이에 동조하였다.
> _『명종실록』, 명종 21년 3월 24일

실록의 위 기사를 통해 사임당의 남편 이원수가 불경을 좋아했고 그런 연유로 율곡이 절에 들어갔다는 사실을 알 수 있다.

율곡이 승려가 된 동기는 이모부 홍호洪浩에게 보낸 글을 통해 알 수 있다. 어머니를 잃은 참담한 심정과 유학자로 공부를 포기하고 방황했던 자신의 과거를 후회하고 있음을 솔직하게 털어놓은 것이다.

어머니를 잃은 재앙이 참담하게 몸에 다가오고, 방향을 잃은 병이 마음을 때려서 미친 듯이 산으로 달려가고 넘어지고 뒤집혀서 제자리를 잃었습니다. 공리(孔鯉, 공자의 아들)의 뜰에 나가지 못하고, 황향(黃香, 한나라의 효자)의 부채를 잡지 못한 것이 1년이었는데, 어느 날 잘못을 깨닫고 돌이켜 생각하니 후회와 슬픔이 치솟고, 스스로 책망하고 부끄러워하면서 살고 싶지도 않고, 마음을 안정시킨 것이 며칠이나 되었습니다……. 하지만 성인과 보통 사람이 다른 것은 오직 기氣뿐입니다. 따라서 제가 미친 지경에 빠진 것은 저의 기氣 때문이지 성性이 나쁜 것은 아닙니다.

_『율곡전서』권13, 「별홍표숙別洪表叔」서序

권씨에 대한 평은 네 번 나온다.

『명종실록』19년(1564) 8월 30일자 "아버지의 첩에게 시달림을 당하여"와『명종실록』21년 3월 24일자 "그 아비의 첩이 그를 사랑하지 않았고", 우암 송시열의 "선생의 서모가 남다르게 패악하였으나 선생은 존경심과 효심을 일으켜서 끝내는 즐거워하도록 만들었다.", 박세채의 "선생의 서모가 패악함이 심해 조금이라도 뜻대로 되지 않으면 목매어서 죽으려고 하여 사람들이 달려가 구하여 그

치도록 하였고"가 그것이다. 이 네 가지 기록을 종합해보면 권씨는 한마디로 패악한 인물이다. 패악은 사람이나 그 성질, 행동이 도리에 어긋나고 못되며 나쁘다는 뜻이다.

이 중에서 우리가 특히 주목해야 할 인물은 송시열이다. 송시열은 율곡의 학문을 계승한 기호학파[21]에 속하였고 위대한 성인을 낳은 어머니로 사임당을 부각시킨 최초의 인물이기 때문이다. 따라서 율곡의 효심을 높이기 위해서 서모 권씨를 실제보다 더 나쁜 사람으로 표현했을지도 모른다.

송시열은 한국의 유학자 가운데 도통을 이은 성인을 의미하는 자子 칭호를 받은 유일한 인물로, 이는 1787년(정조 11) 정조가 『송자대전』을 편찬함에 따라 공식화되었다. 『조선왕조실록』에 그의 이름이 3,000회 이상 등장하는데, 이는 조선조 인물 가운데 가장 많이 언급되는 것이다. 주자학의 대가로 조선의 정치사상계를 통일하여 지배원리를 제공한 조선의 가장 영향력 있는 대표적 인물로 평가받는 송시열에 의해 사임당은 '뛰어난 화가 신씨'에서 '대성현 율곡의 어머니'로 포장되었다. 이것에 대해서는 6장에서 좀 더 자세히 알아본다.

21 조선시대 유학파의 하나. 학술적으로는 이이의 학설을 따르는 주기적 경향의 성리학자들을 말한다. 주기파라고도 한다. 주리설의 종주인 퇴계 이황은 예안의 도산서원을 근거지로 후진을 양성했으므로 그를 따르는 학자들이 주로 영남 지방에 분포했다. 따라서 이들을 '영남학파'라 부르고 주기론자들은 대부분 기호 지방(경기·황해·충청·호남 일원)에 거주했으므로 '기호학파'라고 부르게 되었다.

송시열. 주자학의 대가였으나 사임당을 여성 지식인으로서 존경할 만한 사람이 아니라 자신이 존경하는 성현 '이율곡의 어머니'이므로 위대하다고 평가함으로써 이후 사임당의 이미지를 '어머니'에 국한시키는 데 앞장섰다.

또한 『명종실록』도 율곡과 친한 송익필[22]이 가필하였으니 전적으로 신뢰하기는 어려우나 그렇다고 아주 없던 사실을 기록하지는 않았을 것이다.

사임당이 남편 이원수에게 자신이 죽은 뒤에 재혼하지 말라고 간청을 하고 율곡이 진사초시에 합격하고 한창 공부에 매진할 시기에 금강산으로 가출했다는 사실로 미루어 패악을 부렸다는 기

22 송익필(宋翼弼, 1534~1599)은 조선중기의 서얼 출신 유학자, 정치인이다. 이이·성혼과 교유했으며, 무이시단武夷詩壇을 주도하여 당대 8문장의 한 사람으로 문명을 날렸다. 이율곡도 성리학을 논할 만한 사람은 오직 송익필 형제뿐이라 말했다고 한다.

록은 어느 정도 타당성 있다. 그러나 권씨가 성정 자체가 나쁘고 못된 사람은 아니었다고 생각한다. 이는 율곡이 죽은 후 권씨가 율곡의 3년 상을 치렀다고 하면서 그만큼 율곡이 지성으로 봉양하여 감화를 받은 것이라고 전하는 데서 알 수 있다. 사람이 개과천선할 수는 있다지만, 아무래도 타고난 바탕이 선해야만 가능한 일이기 때문이다.

앞에서 율곡 자신도 밝혔듯이 권씨의 경우도 배운 것이 없고 자유분방하게 살다 하루아침에 사대부 집안에서 안방마님 노릇하기가 버거웠기 때문에 패악을 부린 것이라 생각한다. 전실 자식이 죽었다고 서모가 3년 상을 치렀다면 권씨가 본디 성정이 패악하지는 않았을 것이다.

율곡은 집안의 부녀들 서열에서 서모의 대우문제로 고민하기도 했다. 제사를 지낼 때 서모를 어디에 세워야 하는지를 두고 골머리를 앓은 것이다. 율곡의 친한 벗이었던 송익필은 "의에 따라 엄격하게 대하라."고 하면서 "제사 때도 (서모를) 부녀들 뒤에 세우라."고 충고했다.

그러나 율곡은 "집안의 부녀들, 즉 부인 노씨나 그 밖의 여러 정실 부녀들 뒤에 서모를 세우고 제사를 지내는 것이 의로서는 합당할지라도 정리로서야 어찌 그럴 수 있느냐."고 반문하고 있다.

이어서 율곡은 아버지가 상처喪妻한 뒤에 양녀를 얻어 집의 살림살이를 도맡게 한 첩이라면 바로 비첩婢妾이라 하고, 이미 아버지의 잠자리까지 모신 여인이니 경애하지 않을 수 없다고도 하였다. 더구나 율곡의 서모는 성격이 남다른 사람이어서 조금이라도 마음에 들지 않으면, 문을 닫고 들어가 종일 나오지 않는 등 매우 변덕스러워 조심스럽게 대하지 않으면 안 되었다.

율곡이 송익필에게 보낸 편지 한 대목을 읽어보자.

지금 위차에 대한 협의 때문에 서모로 하여금 작은 방에 틀어박혀 감히 나오지 못하게 하면서 집안 사람들은 서로 이끌어 잔치의 즐거움을 갖는데, 서모는 참여하지도 못한 채 종일 울고 있으면 이는 죄수를 가두어 놓는 격이니 인정상 어떠하겠습니까.

율곡은 의리만이 아니라 인정상의 문제까지 고려하고 있다. 그리하여 명분상 서모가 북쪽 벽을 의지해 앉아서 여러 자식의 절을 받을 수는 없되, 서쪽 벽을 차지하고 앉아서 여러 며느리들과 절하고 지낸다면 괜찮지 않겠느냐 묻고 있다. 이 편지에서도 나타나 있지만, 당시는 서모를 비첩(종으로서 첩된 여자)같이 보고, 심지어 그녀의 소생들까지도 비첩이라 하며 비웃는 사람들이 있었는데, 유교적 질서와 인간적 정을 모두 중요시하는 과정에서 율곡의 깊은 고뇌를 짐작할 수 있다.

그러나 율곡이 서모를 대하는 태도는 송익필과의 편지에서 밝힌 이상으로 극진했다. 집안의 모든 일을 서모에게 먼저 여쭈었으며, 밤에는 이부자리를 깔아 잠자리를 마련해드리고 새벽 문안도 거르지 않았다. 특히 율곡의 서모는 홀로 된 후 미묘한 자기 입장에서 마음이 괴로워서인지 새벽에 해장술을 즐겼는데, 아침마다 문안을 드린 뒤에는 손수 두어 잔을 따라드린 뒤에 물러나오곤 했다.

율곡과 서모의 일화 가운데 서모의 성품을 엿볼 수 있는 대목을 하나 보자.

한 번은 선생이 손님과 함께 있었는데, 어떤 사람이 홍시를 한 접시 올린 일이 있었다. 율곡은 대접상 손님에게 한 개를 주고, 또 한 개는 손님을 권하기 위해서 자신이 가진 후 나머지를 안으로 들여보냈다. 서모는 두 개가 없어진 것을 알자 몹시 화를 내면서, '그토록 먹고 싶었으면 무엇 때문에 들여보냈냐'고 하였다. 이에 율곡은 즉시 홍시 두 개를 가지고 들어가 '찾아온 손님이 시장한 기색이 보이기에 먼저 주었던 것인데, 제가 잘못하였습니다.' 하자 서모는 마침내 노여움을 풀고 먹었으니, 이것이 그 하나의 일이다.

_『율곡전서』권38, 부록

율곡의 서모에 관한 또 다른 일화가 있다. 율곡과 절친한 벗이었던 우계 성혼(成渾, 1535~1598)이 율곡의 집에 놀러갔을 때 일이다.

율곡이 하도 서모에게 깍듯하게 대하니, 우계도 율곡의 서모에게 예를 드리지 않을 수 없었다. 그래서 율곡이 하는 대로 서모에게 절을 했는데, 서모가 답례를 반절로 하였다. 우계의 표정이 굳어졌다. 사랑방으로 들어가 앉자마자 우계가 핀잔을 주었다.
"도대체 예를 모르는 분이군요. 반절이 뭡니까?"
"무슨 말씀인지?"

"정녕 모른단 말이오. 형은 서모에게 그렇게 홀대를 당하고도 참, 훌륭하십니다."

"그럼 어찌하오? 이제 늙어 오도 가도 못할 분을 내 어찌하겠소. 더구나 요즘은 약한 중풍기마저 있어 인생이 서럽습니다. 비록 서모라고는 하나 아버님의 짝이시니 나는 그리 대우할 뿐이오. 나는 시대에 따라 삶의 모습에 따라 법제도 예의고 변화할 수 있어야 한다고 봅니다. 그것이 알맞게 마디를 짓는 예가 아니겠습니까?"

"안 될 말이오. 북두칠성처럼 변해선 안 될 지엄한 법도가 있습니다. 변통을 좋아하면 시류에 휩쓸려 정도를 잃는 법이오."

_『삼현수간』

율곡의 절친한 벗이었던 성혼은 서모 때문에 율곡이 얼마나 마음고생을 했는지 잘 알고 있었다. 그런데도 나이든 서모가 예법을 지키지 않은 것을 보고 불쾌했던 것이며 그런 사람에게 공손히 대하는 것이 못마땅했던 것이다. 예禮에 근거하지 않고 인정을 앞세우는 율곡의 태도가 옳지 않다고 본 것이다.

이 일화를 전하는 『삼현수간三賢手簡』은 주로 송익필, 성혼, 이이 사이에 오간 편지를 후대에 4첩帖으로 제작한 것이다. 세 사람은 모두 파주 인근에 살면서 평생을 혈육의 정으로 사귄 벗들이었다.

그런데 여러 기록들을 살펴보면 율곡의 서모 권씨는 주막집 주모로 알려져 있었던 것과 달리 뜻밖의 사실을 발견하게 된다.

명종 18년 11월 11일에 병조좌랑 권덕여權德輿는 사간원 정언으

『삼현수간』. 율곡과 송익필, 성혼이 주고받은 편지를 모아 4첩으로 제작한 것이다. 세 사람은 '붕우유신'을 온몸으로 실천한 절친한 벗들이었다.

로 승진한 후 권덕여가 이율곡을 천거하여 등용되었다.

명종 19년 8월 24일자에 "명관命官하여 문무과文武科 전시殿試를 보여 생원生員 이이李珥, 등 33인과 내금위內禁衛 한계남韓繼男 등 28인을 뽑았다."는 기록이 나온다.

1579년 선조 때 권덕여는 대사간大司諫으로 있었는데 백인걸의 상소를 율곡이 지었다는 사실이 문제되자, 율곡을 두둔하다가 벼슬을 잃을 정도로 가까운 사이였다.

권덕여의 친척은 조선의 개국공신인 권근(權近, 1352~1409)의 후손으로 익산, 정읍, 파주, 양주에 많이 사는데 경기도 파주에 살던 이율곡의 서모 권씨는 권덕여의 친척이었다고 전한다. 그런데 중종 때의 영의정이 권덕여의 부친 권박(權博, 1475~1547)이었고 그는 연산군 대의 후궁 숙의 권씨의 조카였다. 그리고 명종 때의 영의정이 권율의 부친인 권철(權轍, 1503~1578)이었다.

한편 율곡의 막내동생 이우李瑀의 사위 세 명(권상정, 권진, 권태일)이 모두 안동 권씨이며 권진은 병조판서를 지냈고 행주대첩으로 유명한 권율장군의 조카였다. 권태일도 형조참판까지 지냈다.

율곡의 넷째 이모부인 권화權和는 원래 강릉 사람으로 아들이 없는 이 가문에 데릴사위로 들어와 장모를 모시고 가장 노릇을 하고 있는 셈이었는데, 그 아들이 권처균權處均이다. 율곡과 이종사촌이며 사임당의 어머니 이씨 부인에게서 조상의 묘소를 돌봐달라고 해서 집을 물려받은 것이 오죽헌이다. 이들도 모두 안동 권씨이며 일설에 따르면 서모 권씨가 권처균의 친족이라는 것이다.

율곡 집안이 이렇듯 대를 이어 안동 권씨들과 끈끈한 인척관계를 맺고 있었던 것은 사실이다. 그리고 이러한 배경은 율곡이 조정에 나아가 자신의 경륜을 펼치거나 정적들의 공격을 받았을 때 일정한 영향력을 발휘했을 거라 짐작한다.

그렇다면 율곡의 서모가 주막집 주모였다는 설은 새롭게 검토해봐야 할 것이다.

조선시대 기록에는 율곡의 서모가 주모였다는 기록이 없다. 그리고 혼인을 했던 여자가 재혼한 경우 전처의 자식들이 그 부인을 서모庶母라고 불렀던 것으로 보면 권씨 부인은 이원수와 초혼이 아니었음을 알 수 있다. 엄밀하게 따지면 재혼한 여자는 아버지의 첩이 되는 것이고 의붓어미인 새엄마가 되는 것이다. 여자가 초혼인데 두 번째 부인이 된 경우는 계모繼母라고 불렀다.

한편 사임당의 남편 이원수와 주막집 주모에 관한 일화들이 전해 내려오고 있으니 후대에 주모 일화가 서모의 패악에 덧씌워진 것은 아닌가 하는 의문이 든다.

율곡 선생의 부친 이원수는 사임당과의 혼인 후 관직을 얻기 위해 처가인 강릉에서 과거를 보러 서울을 오르내리게 되었는데 이것이 번거롭자, 사임당이 과것길의 중간에 해당하는 평창군 봉평면 백옥포리에 거처를 정하고 이곳에서 함께 생활하며 남편의 뒷바라지를 했다. 그때 셋째 아들 율곡을 잉태하였다고 한다. 여기에는 다음과 같은 일화가 전한다.

인천에 있던 율곡선생의 아버지가 여가를 틈타 본가로 오던 중 평창군 대화면 반정(상안미)에 이르렀을 때 날이 저물고 피로에 지쳐 하룻밤을 쉬어 가려고 길가의 주막집에 여장을 풀었다.

그날 밤 홀로 주막을 경영하던 주모가 용이 가슴 가득히 안겨 오는 꿈을 꾸었다. 주모는 이것이 틀림없이 태몽이며 비범한 인물을 하늘이 점지해준 것이라고 생각했다. 그러나 자신은 혼자 몸이요, 그날 밤 상대가 될 사람이라곤 주막에 묵고 있는 이원수뿐이었다. 주모는 그가 예사 사람이 아닌 것으로 보여 여자의 수치심도 잊어버리고 그 방으로 들어갔다.

"손님 아무 말씀 마시고 하룻밤만 정을 맺게 해주십시오." 하고 간청하였다. 그러나 원수공이 거절하는 바람에 주모는 소원을 이루지 못하였다.

이튿날 아침 서운한 마음으로 작별을 하는데 원수공의 얼굴에는 범할 수 없는 상서로운 기운이 어려 있는 것을 보고 이는 도저히 내 운수가 아니구나, 하며 체념하였다.

그 무렵 강릉 오죽헌 언니 집에 머물고 있던 사임당 역시 특이한 꿈을 꾸었다. 동해 바닷가를 거닐고 있는 사임당에게 선녀가 백옥같이 생긴 옥동자를 안겨주는 것이었다. 며칠 더 머물다 가라는 언니의 권유를 뿌리치고 그날로 140리 길을 걸어서 봉평 집으로 돌아왔다. 오랜만에 만난 남편을 맞은 그날 밤 율곡을 잉태하게 되었다고 한다.

그 후 강릉 오죽헌에서 아이를 낳기 전에 다시 꿈을 꾸었는데 검은 용 한 마리가 날아오더니 사임당의 집 대들보에 몸을 칭칭 감는 것이 아닌가. 이 꿈을 꾸고 난 뒤 12월 26일 새벽에 율곡이 태어났다.

언제나 강릉길 다시 밟아가
색동옷 입고 앉아 바느질할꼬

사임당은 어려서부터 아버지 신명화와 어머니 이씨 부인의 영향으로 효가 몸에 배어 생활했다. 혼례 후 채 몇 달도 되지 않아 아버지가 세상을 떠나자 아버지의 3년 상을 마치도록 친정에서 살았던 것도 그 때문이었다.

혼인 후 한양으로, 파주로, 봉평과 강릉을 오가면서 살림을 책임지다가 시어머니 홍씨 부인이 너무 연로하여 살림을 맡기게 되자 사임당은 친정어머니를 홀로 두고 대관령을 넘었다. 당시 그의 나이 38세였다. 그때 지은 시가 「대관령을 넘으며 친정을 바라보다踰大關嶺望親庭」이다.

늙으신 어머님은 고향에 계시는데 慈親鶴髮在臨瀛

이 몸 홀로 서울로 가는 심정이여 身向長安獨去情

돌아보니 북촌은 아득한데 回首北坪時一望

흰 구름은 저물어가는 산을 날아가네 白雲飛下暮山靑

　이때 사임당의 친정어머니는 62세였다. 2013년 다산연구소 발표에 의하면 조선시대 평균 수명이 35세 정도라고 하니, 당시로서는 엄청난 고령이었다. 그러니 이제 한양으로 가면 늙은 시어머니 홍씨 부인을 두고 친정나들이를 하기도 어렵고, 친정어머니는 언제 돌아가실지 모르니 그 안타까운 마음을 표현한 시이다.

　이렇듯 사임당은 늘 고향인 강릉을 그리며 살았는데 율곡의 그런 어머니의 모습을 이렇게 기록하고 있다.

　밤중에 인적이 조용해지면 눈물을 흘리곤 했다. 어떤 때는 밤이 깊을 때까지 눈물을 흘리며 어머니의 옷을 지었고 그러다가 밤을 꼬박 새우는 일도 많았다.

　어느 날 심공이라는 사람의 계집종이 거문고를 들고 와서 연주하자 사임당은 눈물을 흘리면서 "거문고 소리가 그리움 품은 사람을 더욱 울리는구나."라고 말했다. 옆에 앉은 사람들이 처연해졌다.

_ 이이, 「선비행장」

　사임당의 시로 알려진 「사친思親」도 꿈속에서라도 고향을 찾아

어머니와 함께 지낼 수 있기를 바라는 마음에서 지은 것이다.

산 첩첩 내 고향은 천 리건만 千里家山萬疊峰

자나 깨나 꿈속에도 돌아가고파 歸心長在夢魂中

한송정 가에는 외로이 뜬 달 寒松亭畔孤輪月

경포대 앞에는 한 줄기 바람 鏡浦臺前一陣風

갈매기는 모래톱에 흩어졌다 모이고 沙上白鷗恒聚散

고깃배들은 바다 위로 오고 가리니 海門漁艇任西東

언제나 강릉길 다시 밟아가 何時重踏臨瀛路

색동옷 입고 앉아 바느질할꼬 更着斑衣膝下縫

여기서 '색동옷 입고 앉아 바느질한다'는 표현은 중국 고대 초나라에 노래자老萊子라는 사람이 나이 70살이 되었지만 색동옷 입고 부모님을 즐겁게 하였다는 것을 인용한 것이다. 사임당도 노래자처럼 늙으신 어머님을 기쁘게 해드리고 싶었던 것이다.

사임당의 시 두 편은 효심이 절절히 묻어나오는 것임이 틀림없다. 원래 타고난 성품도 다정다감하였으니 어머니를 걱정하고 그리워하는 심정이 남달랐을 것이다. 그런데 어머니를 그리워하는 효심 이면에는 또 다른 감정이 물결치고 있었던 것은 아닐까?

사임당이 열아홉에 혼인을 하였고 대관령을 넘으면서 시를 짓던 때가 38살이었다. 20년 가까이 혼인생활을 하면서 7남매를 키우고 남편 대신 가난한 살림살이를 책임지며 시어머니를 봉양하는 동안 남편은 어린 여자와 살림을 차렸다. 물론 친정에 있는 동안에는 틈

틈이 서예도 하고 그림도 그렸지만 소녀 시절처럼 자유롭고 편안하지는 않았을 것이다. 사임당에게 어머니는 육친이면서 고향이면서 자신의 어린 시절을 의미하는 것이었다.

자신에게 늘 용기와 칭찬을 해주고 가르침을 준 외조부와 외조모, 어머니와 같이 살던 그때가 사임당에게는 가장 행복했던 시절이었을 것이다. 그런데 지금의 현실은 어떠한가? 7남매를 제대로 키워야 할 책임이 있고 쪼들리는 살림살이도 꾸려 나가기 힘든데 남편이란 사람은 딸 같은 첩이나 끼고 사니 마음 붙일 곳은 없고 그 외로움과 고통은 과부보다 나을 게 없었던 것이다.

여성의 입장에서 남편이 바람피우거나 첩을 두는 것보다 더 고통스러운 일은 없을 것이다. 오죽하면 '시앗싸움엔 돌부처도 돌아앉는다'는 속담이 나왔을까.

남편의 외도가 아내 입장에서는 자존심이 이중으로 상처받고 그 원망과 분노는 장기를 손상시킬 지경에 이르게 하는 것이다. 그러니 사임당은 이렇다 할 병명이 없어도 자주 병을 앓게 되었고 어머니 생각을 하면 이런 저런 복잡한 심사에 눈물짓게 되었던 것이다. 따라서 그녀가 흘린 눈물은 어머니를 그리워하는 심정과 자신의 고통과 외로움을 토해낸 것이기도 하였다.

또한 대관령 고개는 총명하고 재주 많은 소녀로 자유롭게 살았던 과거와 한 가정을 책임져야 하는 가장이자 어머니이자 며느리라는 무거운 짐을 지고 사는 현재를 가르는 공간이었다.

당나라 시인의 시구에
이별과 회한을 투영하다

사임당의 작품 중 당나라 시인들의 오언절구五言絶句를 초서草書로 쓴 것을 6폭 병풍으로 만든 것이 전해지는데 내용의 글귀는 이백, 대유공, 유문방, 황보효상 등 유명한 당나라 시인들의 절귀로 모두 6편의 시를 초서로 쓴 것이다. 그런데 그 시들을 읽어보면 공통된 정조情調를 느낄 수 있다. 많은 시들 중에서 선택해서 썼다는 것은 작가의 내면을 드러낸다고 할 수 있다.

그렇다면 사임당은 어떤 심정으로 6편의 시를 골라서 썼을까.

제1폭에 쓴 것은 당나라 시인 대유공戴幼公의 「이당산인에게 주다贈李唐山人」라는 시다.

此意靜無事 이내 뜻 고요하여 일없이 지내는데

閉門風景遲 문 닫고 앉았으니 봄날조차 더디 가네

柳條將白髮 휘늘어진 버들가지랑 백발이

相對共垂絲 서로 마주보며 드리웠네

대유공이 친구에게 준 시인데 봄에 핀 버들이 늘어진 것을 백발과 마주한다는 표현에서 인생무상을 느끼게 한다.

제2폭에 쓴 것은 당나라 시인 사공서司空曙의 「금릉회고金陵懷古」라는 시인데 금릉(오늘날 난징)은 오나라의 수도이자 중국 7대 고도古都 중 하나로 이백을 비롯한 많은 시인들이 시를 지은 곳이다.

輦路江楓暗 임금이 다니던 길엔 단풍나무가 우거졌고

寒潮野草春 궁정 뜰에는 봄풀이 푸르구나

傷心庾開府 유개부 생각하자니 마음이 아프네

老作北朝臣 늙어서 북조의 신하가 되었단 말인가

둘째 줄에 한조寒潮는 원작에는 궁정宮庭이다. 이는 사임당이 의도적으로 바꾸어 쓴 것으로 보인다. 그 이유가 어디에 있을까? 궁정이 상징하는 것은 권력이나 한 나라의 영화榮華인데 그 역시 세월 앞에 무상한 것이 마치 추운 바다의 밀물과 썰물과도 같다고 해석한 것이다. 밀물과 썰물이 교차하듯이 봄이 되면 풀이 돋는 것은 만물의 법칙이다.

유개부는 중국 북조시대 주나라의 문인인 유신庾信인데 관직명을 붙여 유개부庾開府라 불렸다. 양나라가 망하자 북조에서 벼슬을 하였지만 자신의 신세를 한탄하며 고향산천을 그리워했다고 한다. 사임당은 자신도 유개부처럼 고향을 떠나와 돌아가지 못한 처지가 된 것을 사공서의 시에 빗대어 표현하고 있는 것이다. '임금이 다니던 길엔 단풍나무가 우거졌다'는 시구는 한 왕조의 흥망을 비유한 것인데 사임당은 자유롭고 행복했던 어린 시절과 고향을 마음에 두고 쓴 것으로 보인다.

제3폭은 당나라 시인 유문방劉文房의 「장십팔이 동려로 돌아감을 보내며送張十八歸桐廬」란 시다. 장씨 가문에 열여덟 번째 사람이 가는 것을 전송하는 내용인데 그 광경이 한 폭의 수묵화처럼 펼쳐진다. 이 시는 이별하는 장면을 아쉬워하면서 무사히 돌아가기를

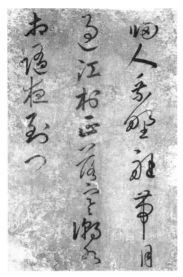
사임당의 글씨로 전칭되는 초서.

바라는 작자의 심정이 나타나 있는데 강릉에서 한양으로 파주로 봉평으로 옮겨 다니며 살았던 사임당에게 이별은 일종의 화인火印 과도 같았을 것이니 감회가 남다르게 깊었던 것이다.

歸人乘野艇 돌아가는 사람 거룻배를 타고

帶月過江村 달빛 아래 강촌을 지나가네

正落寒潮水 지금 바로 조수 한창 들어오는 때라서

相隨夜到門 물 따라 한밤중이면 문 앞까지 다다를 것이네

제4폭은 당나라 시인 대유공의 「고명부를 작별하다」라는 시다.

江南雨初歇 강남은 비로소 비가 그쳤는데

山暗雲猶濕 산은 어둡고 구름은 오히려 젖어 있네

未可動歸橈 노를 저어 돌아가지 못할 것 같음은

前溪風正急 앞 개울에는 바람이 거센 걸 보니

위 시의 마지막 행에서 원작은 전정풍정급前程風浪急으로 되어 있다. '앞길에 부는 파도 때문이리라'로 해석된다. 사임당은 2폭에서 궁정을 한조로 바꿔 썼듯이, 여기서도 '앞길에는 풍랑이 급하고'를 '앞개울에는 바람이 거세고'로 바꿔 썼다.

생각해보면 사임당은 훌륭한 자식을 여럿 두고 그중에도 율곡 같은 대학자를 키우며 학식과 예술로 후대에 이름을 남겼지만 살아생전 그다지 행복하지는 않았을 것으로 보인다. 어쩌면 이 시를 읽으면서 자신의 삶을 대입해보았을지도 모른다. 그래서 풍랑보다는 바람이 약한 것이고 건너야 할 물길이 넓은 길이 아닌 개울로 생각하고 싶었던 것이 아니었을까. 그리고 사임당이 노를 저어 돌아가고 싶은 곳은 고향이었을 것이다. 사임당은 아마도 시어머니와 같이 살던 한양이나 남편 이원수의 고향인 파주에서 지낼 때보다 봉평이나 친정인 강릉에서 살던 시절에 그림을 주로 그리지 않았을까 싶다.

제5폭은 당나라 시인 이백의 「동림사 중과 작별하며別東林寺僧」라는 시다. 4행에 호계는 호계삼소에서 유래된 것으로 유불도儒佛道의 진리가 그 근본에 있어서는 하나라는 것이며 종교와 이념을 넘어서 같이 동행한다는 뜻이 있다.

사임당이 그린 그림 가운데 스님이 나오는 작품이 있는 것으로

미루어 보면 불교에도 관심이 많았던 것으로 추측되며 그것은 남편이 불교 경전을 좋아했다는 기록으로 미루어 짐작할 수 있다. 당연히 집안에는 불교에 관한 책들이 여러 권 있었을 것이고 책 읽기를 즐기던 사임당이 그 책들을 들춰보지 않았을 리가 없다.

사임당은 이 시를 붓글씨로 쓰면서 '호계삼소'[23]의 유래 속에서 인생이나 인간의 삶이란 무엇인가라는 명제를 가지고 대화할 수 있는 지기知己를 만나고 싶었는지도 모른다.

'고향'과 '이별'이란 말이 사임당에게는 여러 가지 의미를 갖고 있었던 것으로 보인다.

사임당에게 고향은 자신의 학문과 예술적 재능을 마음껏 펼칠 수 있는 공간이었고 자신을 절대적으로 지지하고 후원해주던 외조부, 외조모, 아버지, 어머니가 함께 있었던 추억의 공간이었다. 그런데 혼인은 그 공간과 혈육들과의 이별을 의미하는 것이었다. 낯선 공간에서 낯선 사람들과 생활해야 하는 현실, 마음을 터놓고 얘기할 대상도 없고, 7남매를 먹이고 입히고 가르치는 모든 책임을 고스란히 혼자 져야 한다. 어렵고 힘든 일이 생길 때마다 늘 혼자 감당해야 하고 철없는 남편 뒷설거지까지 하고 살려니 그야말로 고통

23 호계삼소虎溪三笑는 학문이나 예술에 열중하여 도정道程이 먼 것을 잊는 것이며 중국 고사에서 나온 동양화의 화제로 『노산기廬山記』에 유래가 기록되어 있다. 동진시대의 학승 혜원법사는 동림사에 있으면서 아직 호계를 건너간 적이 없었다. 그런데 어느 날 도연명과 육수정이 찾아왔다. 돌아서는 그들을 배웅하면서 이야기에 열중한 나머지 호계를 건넌 것도 몰랐다. 호랑이가 으르렁대는 소리를 듣고서야 세 사람은 서로 마주보고 껄껄 웃었다는 것이다. 많은 화가들이 이 고사를 화제畵題로 하여 작품을 남겼다.

스러운 상황의 연속이었다.

사임당이 붓을 들어 글씨를 쓰고 화폭에 그림을 그렸던 것은 시와 서예, 그림이 군자의 행을 닦는 기본이기도 하였지만 그러한 창작을 통해 가슴속의 응어리를 풀고자 했던 욕구가 절실했던 것으로 보인다. 여기서도 4행에서 원작은 번거로울 번煩이었는데 수須로 바꾸어 썼다. 이 부분도 '번거로울 번' 자를 피하고 싶었기 때문이었을 것이다. 바꿔 써도 전체 문맥은 달라지지 않는다는 것을 익히 알고 있었던 것이다. 사임당의 학문이 어느 정도로 깊었는지를 가늠할 수 있는 대목이다.

東林送客處 동림사는 오가는 손님 보내는 곳

月出白猿啼 달이 뜨면 흰 잔나비 울기도 하네.

笑別盧山遠 담소하다 여산이 멀어지는 줄 모르고

何須過虎溪 아뿔싸, 호계를 그만 지나고 말았구나

제6폭은 당나라 시인 황보효상皇甫孝常의 「여러 친구들을 보내고 회포를 적다宋諸君述懷」라는 시다. 이 내용은 사임당의 현실을 대변하는 듯한 분위기를 띠고 있다. 팍팍한 살림살이 속에서 우주의 법칙은 늘 그렇듯이 봄이 되니 풀이 자라고 있는데 형편이 넉넉하면 친구들에게 더 좋은 대접을 하고 싶었던 작자의 심중이 드러나 있다. 그리고 이는 경제적으로 쪼들리던 사임당에게도 충분히 공명共鳴되었을 것이다.

海岸畊殘雪 바닷가 눈을 헤치고 밭을 갈다가

溪沙釣夕陽 해질녘 시냇가에 고기를 낚지요.

家貧何所有 가난한 집에 무엇이 있으리

春草漸看長 봄풀만 점점 더 자라고 있다오.

한편 사임당은 일곱 남매를 두었다. 어머니로서 당연히 자녀교육에 큰 관심을 두지 않을 수 없었을 것이다. 그녀는 단순히 모성으로만 자녀들을 가르친 것이 아니라 확고한 교육이념과 교육철학을 갖고 교육자로서의 면모를 갖추었던 것으로 보인다. 일반적인 사대부가 여성들과 달리 딸에게도 경전을 가르치고 시서화를 습득하게 하였으며 아들들에게도 과거급제의 수단으로서가 아니라 인격수양의 도구로 학문에 힘쓰게 하였다는 점이 그런 추정을 뒷받침한다.

사임당의 교육론은 율곡을 통해 고스란히 전수되었고 그런 율곡이 지은 『격몽요결』 같은 교육서는 조선시대 학동들에게 교과서처럼 읽혔다.

4장.

율곡의 어머니, 사임당의 아들

공자의 교육론에 토대한 자녀교육

사임당은 아들의 낯빛을 살폈다. 낯빛이 온전할 리는 없었다.

과거에 낙방한 것이 벌써 몇 번째인가.

"선아."

"어머니, 소자 너무나 면목이 없습니다."

풀 죽은 목소리로 선이 대답했다.

사내대장부로 태어나 세상을 한 번 흔들어보겠다는

입신양명의 포부가 왜 없으랴.

한 번 듣기만 해도 줄줄 외우는 셋째 동생 이를 어찌 부러워하지 않았으랴.

그러나 세상은 자신에게 쉬이 관직의 길을 열어주지 않았다.

"선아."

언제 들어도 다정한 어머니의 목소리.

"모든 일은 마음먹기에 달렸으니 낙심하지 말고 조용히 학문을 닦아라."

"하지만 어머니, 소자 더 이상 벼슬자리에 연연하지 않겠습니다. 자신이 없사옵니다."

"지금 벼슬자리라 했느냐?"

온화한 어머니의 음성에 미묘한 변화가 느껴져 선은 움찔했다.

"네가 학문을 갈고닦는 것은 벼슬이나 한 자리 하기 위해서가 아니지 않느냐.

이 어미가 네게 바란 것은 뜻을 세우는 일 아니었더냐?"

4남 3녀의 다정한
어머니

사임당은 모두 4남 3녀의 7남매를 낳아서 키웠다. 맏아들 선(璿, 1524~1570)은 늦은 나이인 41세에 진사에 오르고 47세에 한양부의 남부 참봉이 되었는데 그 해 8월에 세상을 떠났다. 맏딸 매창(梅窓, 1529~1593)은 사임당의 성품과 재능을 물려받아 시와 그림이 오늘날까지 전하며 '작은 사임당'이라 불렸을 정도로 학식과 덕행이 뛰어났다.

그녀는 서울의 조대남趙大男에게 시집 가 남편이 벼슬길에 오르도록 극진히 내조하여 조대남은 충청도 관찰사에 오르게 되었다. 둘째 아들 번璠은 벼슬이 없었고 둘째 딸은 윤섭의 처로 알려져 있으며 셋째 아들이 율곡이었다. 셋째 딸은 홍천우의 처이다.

넷째 아들이자 막내가 옥산玉山 이우(李瑀, 1542~1609)이다. 진사에 급제하여 군수까지 지낸다. 그는 어머니 사임당의 예술적 재능을 이어받아 시·글씨·그림·거문고에 능하여 '4절四絶'이라 불렸다. 글씨는 조선시대 초서의 1인자로 꼽히는 황기로[24]가 "곱게 쓰기는 나만 못하되 웅건하기는 나보다 낫다."고 평할 정도였다. 황기로는 옥산의 장인이자 스승이기도 했다.

율곡은 동생 이우와 더불어 아침저녁으로 시와 가야금을 즐겼으며 "우리 아우가 학문을 했더라면 내가 따를 수 없었을 것이다."라고 할 정도로 이우의 학문적 소양은 뛰어났다. 또한 괴산군수로 있을 때 임진왜란이 일어나자 장정들을 모아 왜적과 대항하여 싸울 정도로 용맹하였고 큰 전과를 세우고 백성이 농사를 짓게 하여 온 고을이 기근을 면하게 하니 조정에서는 표창을 내렸다.

율곡과 그의 형제들은 어머니의 가르침을 성실하게 지키며 살았던 것으로 보인다. 예나 지금이나 관리로서 봉급만으로 생활한다면 절대로 큰 부를 누릴 수 없는 형편인데 조선시대에도 이재理財에 밝은 관리들이 있었고 어떤 이들은 직위를 이용하여 축재를 하는 일도 적지 않았다. 그러나 조선시대에서는 선비가 이재를 밝히는 것을 마땅하다고 보지는 않았다. 그런데 오늘날 공직자가 축재에 힘쓰는 것이 능력으로 간주되는 세상이니 그런 이들이 어찌 민생의 핍진한 삶을 살필 수 있겠는가.

24 황기로黃耆老는 조선중기의 명필이며 조선시대 서예사에서 김구, 양사언과 함께 초서의 제1인자라는 평을 받았다. 필법이 뛰어났으며 특히 초서를 잘 써 초성이라 불렸다.

이우의 「국화도」(왼쪽)와 「묵란」(오른쪽).

사임당 자신도 어린 시절에는 유복한 환경에서 성장하였지만 혼인 후에는 궁핍한 살림살이를 꾸려가기 바빴던 것으로 보인다. 이는 무엇보다도 남편 이원수가 과거에 낙방한 후 가장으로서 생계를 책임지지 않았던 것이 가장 큰 이유였다.

그러나 사임당은 남편이 당숙에게 벼슬을 구하러 다닐 때에도 불의와 손잡아서는 안 된다는 생각으로 결사반대했다. 이러한 사임당의 신념은 율곡에게 그대로 전해졌다.

열두째는 의리를 지킴이니, 공부하는 사람은 무엇보다도 '의리'와 '이득'의 분별을 밝게 하여야 한다. 의義란 것은 무엇을 위해서 하는 것이 아니라, 조금이라도 무엇을 위해서 하는 것이라면 그것은 곧 도척의 무리이니, 어찌 경계하지 않으랴. 선을 행하면서 이름을 구하는 자는, 또한 이득을 구하는 마음이니 군자는 그것을 구명 파는 도적보다 더 심하게 보거늘, 하물며 불선不善을 행하면서 이득을 보겠다는 자는 말할 필요도 없는 것이다.

_ 이이, 「학교모범」 〈수의守義〉

태교는
인성교육의 첫걸음

우리나라의 전통적인 자녀교육은 태교에서 시작된다. 사임당 역시 태교의 중요성을 강조하고 그 자신 철저하게 실천하였다. 사임당이 태교의 지침으로 삼은 것은 문왕의 어머니 태임의 태교법이었다. 태임은 사임당의 롤 모델이었기 때문에 어느 것 하나 어긋남이 없도록 하였다.

『시경』에는 태임의 태교에 대한 이야기가 나온다. 한마디로 임신 중에는 말과 행동을 조심하는 것이 태아를 위한 교육이라 여겼던 것이다.

태임太任은 문왕의 어머니다. 지擊나라 임任씨의 둘째 딸이었는데, 왕계王季가 장가들어 비妃를 삼았다. 태임의 성품은 단정하고 한결같으며 정성스럽고 장중하여 오직 덕을 행했다. 문왕을 임신해서는 눈으로 사악한 빛을 보지 않고, 귀로 음란한 소리를 듣지 않고, 입에서는 오만한 말을 내지 않았다. 서 있을 때는 발을 헛딛지 않고 다닐 때는 걸음을 천천히 하며 자리가 바르지 않으면 앉지 않고 고기도 바르게 잘린 것이 아니면 먹지 않고 밤이면 소경으로 하여금 글을 읽고 시를 외우게 하여 마음을 화평하고 즐겁게 하였다.

문왕을 낳으매 총명하고 사물의 이치에 통달하여 태임이 하나를 가르치면 백을 알았다. 마침내 주周나라의 으뜸 임금이 되었다. 군자가 말하기를 "태임이 능히 태교를 했다." 하였다.

_『시경』, 「대아」〈사재思齊〉

사임당은 인성교육이란 아이가 뱃속에 있을 때 행하는 것이지 출생 후의 교육으로는 불가하다고 하였으며 임산부는 깨진 그릇에 음식을 담아 먹지 않고, 바른 자리에 앉고, 언제나 단정히 하고, 언제나 선한 생활을 해야 훌륭한 자녀를 낳는다고 하였다.

사임당의 영향을 받은 율곡은 훗날 어머니의 말씀과 옛 경전에 나타난 태교에 관한 글을 인용하고 있다.

옛날에는 부인이 임신하면 옆으로 눕지 않고 비스듬히 앉지 아니하며 외발로 서지 않고 맛이 야릇한[邪味] 음식은 먹지 않고 자른 자리가 바르지 아니한 음식은 먹지 아니하며 자리가 바르지 않으면 앉지 아니하였다. 그리고 사특한 색깔을 보지 아니하고 음란한 소리는 듣지 아니하며 장님으로 하여금 시를 외우게 하고 바

『성학집요』. 율곡 이이가 선조 8년(1575)에 왕이 알아야 할 성리학의 가르침과 여러 학설, 즉 성학의 핵심을 보기 쉽게 뽑아 엮은 책이다. 왕이 인격을 수양하여 좋은 신하를 등용하고 이들에게 국정을 위임함으로써 왕도정치를 실현할 수 있다고 주장하였다.

른 일을 말하게 한다. 이같이 한다면 곧 자식을 낳을 경우 그 형체나 용모가 단정하고 재주가 남보다 뛰어날 것이다.

_ 이이,『성학집요聖學輯要』「교자장敎子章」

또한 율곡의 사상을 이은 송시열이 시집 가는 딸에게 준 글에도 태교에 관한 대목이 있다.

자식 배었을 때 여러 가지 잡음식 먹지 말고 기울어진 자리에 눕지 말고 몸을 단정히 가져 자식을 낳으면 자연 단정하리라. 자식이 어미 닮는 이 많으니 열 달을 어미 배에 들었으니 어미를 닮는다.

_ 송시열,『계녀서戒女書』

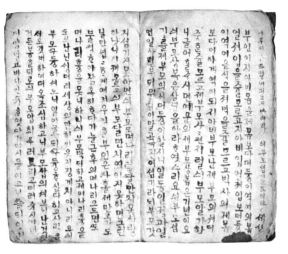

『계녀서』. 조선후기의 학자 송시열이 출가하는 큰딸에게 교훈으로 삼게 하기 위하여 지어준 책으로, 열부효부의 교육적 인간상을 여성교육의 목표로 제시하면서 부덕에 힘쓸 것을 강조하였다.

이러한 태교에 대한 전통은 태교를 종합 집대성한 사주당 이씨 (1739~1821)의 『태교신기胎教新記』에서 "뱃속 열 달이 출생 후 10년의 가르침보다 더 중요하다."라고 하며 태교의 중요성을 강조하기에 이르렀다.

『태교신기』는 자식이 가진 기질의 병은 부모로부터 연유한다는 것을 태교의 이치로써 밝혔고 옛사람은 태교를 잘하여 자식이 어질었고 오늘날 사람들은 태교가 부족하여 그 자식들이 불초(不肖, 못나고 어리석음)하다고 하였다.

스승의 십 년 가르침이 어머니가 열 달 뱃속에서 기름만 못하다. 어찌 열 달의 수고를 꺼려 불초한 자식을 낳아 스스로 소인의 어

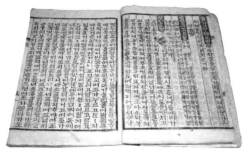

『규합총서』(왼쪽)는 1809년 빙허각 이씨가 부녀자들을 위하여 의식주 전반에 걸친 가정생활의 지침을 모아 한글로 기록한 책이다. 여성을 대상으로 저술된 문헌 가운데 가장 실용적인 책으로, 오늘날의 가정백과전서 격이다. 사주당 이씨의 『태교신기』(오른쪽)는 최초의 태교 총서로서 이론과 실제를 구비하여 조선후기의 생활상을 알 수 있는 태교의 중요성을 체계화한 책이다.

> 머니가 되겠는가! 어찌 열 달 공을 들여 자식을 어질게 함으로써
> 스스로 현명한 군자의 어머니가 되지 않겠는가!
>
> _ 사주당 이씨, 『태교신기』

조선 후기의 여성 실학자 빙허각 이씨(憑虛閣 李氏, 1759~1824)가 지은 『규합총서閨閣叢書』 「청낭결靑囊訣」에도 태교에 대한 내용이 나온다. 이렇듯 사임당을 비롯한 조선의 여성 지식인들은 태교의 중요성을 강조하였던 것이다.

전통적인 태교법이 오늘날의 실정에 그대로 적용되기는 어려우나 임산부의 신체적 건강과 정신적 안정, 정서 등이 태아에 미치는 영향이 있다는 의학계의 연구가 발표되면서 현대에 와서 태교에 대한 인식이 높아지고 있다.

사임당도 7남매를 임신했을 때 몸을 극히 조심하고 태아에게 해

로운 음식은 먹지 않았고 좋지 않은 것은 보지 않았다고 한다.

사임당에게 지표가 되었던
공자의 교육론

오늘날에도 공직자가 가정문제로 사회적 물의를 일으켰을 때 매스컴에서 가장 많이 인용하는 고사성어가 '수신제가치국평천하修身齊家齊國治國治天下平'이다.

사회적 존재로 성장하기 위해서는 개인으로서의 인격이 수양되는 것에서 출발한다는 의미이다. 그런데 개인의 인격수양은 어디서부터 시작되는가? 그것은 교육敎育을 통해서 그 바탕이 이루어지는 것이다. 그러면 교육은 무엇인가?

교敎는 본받음效, 가르침訓, 훈계訓戒 다양한 뜻을 가지고 있는데 '방향을 제시하고 그곳으로 이끈다'는 것이고 육育은 기른다養·낳는다生·자란다成 등의 뜻을 가지고 있다. 이는 인간이 타고날 때부터 지니고 있는 성품과 능력을 잘 기르는 과정을 뜻하는 것이다.

영어의 에듀케이션education은 라틴어 에두카티오ēducātiō에서 유래한 것으로 '밖으로 끌어낸다'는 뜻을 가지고 있다. 그것은 개개인의 안에 있는 타고난 소질과 능력을 밖으로 끌어내는 것이 교육이란 것을 의미한다.

그리고 교육의 목적이나 목표는 시대나 국가 별로 다르지만 공통된 이념은 인간을 인간답게 키우는 데 있었다.

그렇다면 사임당이 7남매를 가르치며 가졌던 교육관은 어떠했으며 무엇을 중요하게 여겼는가.

사임당이 살던 시대에는 유교가 국가의 통치이념으로 자리 잡을 때였기 때문에 교육이념도 공자의 교육관 영향을 받을 수밖에 없었다. 사임당 역시 공자의 교육론을 지침으로 삼았고 훗날 율곡의 교육사상도 같은 맥락에서 형성된 것이었다.

『논어』 첫머리에 '배우고 때로 익히면 기쁘지 아니한가學而時習之不亦說乎'란 말이 나온다. 이는 스스로 공부하는 마음이 생길 때 즐거움이 생긴다는 뜻이다. 즉 공부하고자 하는 동기가 있어야 함을 전제로 하는 말이다.

배운다는 것은 무엇인가? 공자는 "내가 하루 종일 먹지 않고 밤새워 생각해도 소용이 없었다. 배움만 같지 못했다吾嘗終日不食 終夜不寢 以思 無益 不如學也."라고 했다. 공부는 가르침이 있어야 한다는 뜻이다.

그러면 공자가 가르치고자 했던 교육은 무엇이었을까. 공자는 사람으로서의 도리를 다할 수 있도록 인성교육을 첫째로 삼았다. 공자가 목표로 한 이상적인 인간형은 '군자'였다. 군자란 도덕적으로 완성된 인간으로 지혜와 인의와 용기의 덕을 갖춘 사람이다. 군자가 되기 위해서는 학문을 닦고 실천을 중시하며 충의를 다하고 신의를 지키는 일에 힘써야 한다子以四教 文行忠信고 하였다(『논어』 「술이」 편 24장).

한편 공자는 군자가 갖추어야 할 덕목으로 '인仁'과 더불어 의義와 예禮를 들었다. 인은 '사람을 사랑하는 마음人愛에 바탕을 둔다.

1536년 율곡이 태어난 오죽헌의 몽룡실.

그래서 인을 떠나면 군자도 없다君子去仁 惡乎成名.'라고 했다. 그러나 인을 좋아하면서도 배우지 않으면 어리석게 된다고 경계하기도 했다. 배운다는 것은 자신을 갈고 닦는다는 것이다.

군자는 의義를 존중하며, 정의를 보고도 행하지 않으면 용기가 없는 것見義不爲 無勇也이라 했다. 그리고 군자가 용기만 있고 의義가 없으면 난亂을 일으킬 수 있다고도 했다. 그리고 군자는 예禮를 배우지 않으면 남 앞에 설 수 없다고 하였다.

또한 『논어』의 「학이學而」편에는 인을 실천하는 근본이 부모에게 효도하고 형제를 공경하는 데 있다고 하였다.

사임당이 뜻을 세우고 평생 실천하며 7남매에게 가르쳤던 것도 바로 이러한 공자의 교육관을 따른 것이며 그 또한 자신도 군자의 도를 구하고자 노력하였던 것이다.

내 부모를
먼저 섬겨야 한다

사임당은 아버지 신명화와 어머니 이씨 부인이 부모님께 극진히 효도하는 것을 보고 자랐으며 군자로서의 덕목인 인을 실천하는 첫 번째가 효라는 것을 배웠다. 때문에 그녀는 평생 효를 실천하면서 7남매에게도 효를 교육의 우선으로 삼았다. 효의 구체적 내용은 『효경』에 기록되어 있다.

> 자연의 생명 중 사람이 귀하니, 사람의 행위 가운데 효보다 더 큰 것은 없다.[25]
>
> _『효경』

공자는 『효경』제 1장에서 "효는 덕의 근본이요, 교육이 이로부터 연유되어 생긴 것이다孝德之本也 敎之所由生也."라고 하여 인성교육의 중심을 효에 두었다. 또한 군자라 하더라도 선함으로 살지 않으

25　天地之性 人爲貴 人之行 莫大於孝.

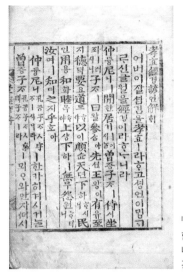

『효경언해』. 효도를 설명한 『효경』을 한글로 번역한 책이며 『효경』은 유가의 주요 경전인 13경의 하나이다. '효도'를 주 내용으로 다루었기 때문에 『효경』이라고 하였다.

면 따르지 말라고 한 것은 무엇보다 내 부모를 먼저 섬기라는 뜻이었다.

공자님께서 말씀하시길 그 어버이를 사랑하지 않고 다른 사람을 사랑하는 것을 패덕이라 하며, 그 어버이를 공경하지 않고 다른 사람을 공경하는 것을 패례悖禮라 하니, 그것들로써 가르친다면 세상이 어두워질 것이고, 백성들이 본받을 바(법칙)가 없어지게 될 것이니라.[26]

_『효경』,「효우열장孝優劣章」제12

26   子曰 不愛其親 而愛他人者 謂之悖德 不敬其親 而敬他人者 謂之悖禮 以訓則昏 民亡則焉
不宅於善 而皆在於凶德 雖得志君子.

사임당이 『효경』을 중심으로 가르친 내용을 보면 '내 부모를 먼저 섬기라'고 하였다. 사람은 마땅히 자기 부모와 조상에 대한 고마움을 깨닫고 자기 부모에 대한 효도를 해야 된다고 보았던 것이다. 그렇게 덕의 근본에 힘쓰는 것에서 출발하여 인간다운 길을 걷게 하여 올바른 인간이 되도록 하는 것이 목표였던 것이며 이 또한 효경의 가르침을 따른 것이었다.

성종 때 어버이에 대한 효행으로 이름난 정여창(鄭汝昌, 1450~1504)은 효에 대해 다음과 같이 말하였다. 여기서 입신은 세속적으로 출세를 한다는 뜻이 아니라 인격적으로 자기완성이 된 사람 즉 군자를 가리킨다.

진실로 제 부모를 사랑하는 사람은 남을 미워하지 못하고 진실로 제 부모를 공경하는 사람은 남을 업신여기지 못한다. 사랑하고 공경하는 마음을 자기 부모에게 다하다보면 덕스런 가르침이 자연히 모든 사람에게 미쳐 본받게 된다. …… 결국 효로써 교육하는 것은 만인에 대한 공경심을 가르치기 위한 것이며 그 궁극적 목적은 공경심을 길러 입신하는 데 있다.

사임당은 조용한 밤이면 자녀들에게 『시경』에 나오는 시를 읊어주었다. 이 시는 어버이의 은혜를 표현한 것으로 유명하였으니 구로지은(劬勞之恩, 구로는 어버이의 은혜를 말한다)이란 말이 여기서 유래하였다. 구로劬勞는 자기 생일을 말하기도 하는 데 부모가 자기를 낳으려고 애쓴 날이기 때문이다.

다북쑥이 더부룩이 자라면　蓼蓼者莪

다북쑥이 아니라 약쑥이지　匪莪伊蒿

슬프도다 우리 부모님이시여　哀哀父母

나를 낳으시고 수고하셨네　生我劬勞

(중략)

아버님 안 계시면 누구를 믿고　無父何怙

어머님 안 계시면 또 누구를 믿을까　無母何恃

밖에 나가도 부모님 걱정　出則銜恤

집에 들어와도 몸 둘 곳 없어라　入則靡至

아버님 날 낳으시고　父兮生我

어머님 날 기르시었으니　母兮鞠我

나를 어루만져주시고　拊我畜我

나를 먹여주시고 나를 키우시고 나를 길러주셨도다　長我育我

나를 돌보시고 또 돌보시며　顧我復我

들어오며 나가며 나를 품어주셨도다　出入腹我

그분들의 덕을 갚으려 해도　欲報之德

하늘은 끝없이 넓기만 하구나　昊天罔極

_ 『시경』, 「소아」〈요아장蓼莪章〉

　사임당은 이렇듯 밤낮으로 자녀들에게 효도에 대한 것을 옛 성현의 말과 시로 가르쳤으며 그 자신이 모범을 보이기도 하였다.
　율곡은 「선비행장」에서 어머니 사임당이 '성품이 효성스러워 부모가 병환이 있으면 안색이 슬픔에 잠겼다가 병이 나은 후에야 다

「채씨효행도」. 효행은 군자의 덕목인 인을 실천하는 첫 번째다.

시 처음으로 돌아갔다'고 기록했다. 또한 아버지 신명화의 병이 깊었을 때, 밤을 새워 간호하였다고 한다. 혼인 후 시어머니 홍씨를 모심에도 소홀함이 없어 몸가짐을 함부로 하지 않고 말을 함부로 하지 않았다. 모든 일을 마음대로 한 적이 없고 반드시 시어머니께 고하였다고 전한다.

이러한 사임당의 효에 대한 교육은 7남매에게 전해졌으며 특히 어려서부터 효심이 지극했다는 율곡이 '꼬마' 시절 어머니의 병을 낫게 해달라고 외할아버지 사당에서 빌었다는 일화는 유명하다.

5세에 신 부인이 병이 나서 위독한 지경에 이르자 온 집안이 허둥지둥하며 어쩔 줄을 모르고 있었는데, 선생(율곡)은 몰래 외할아버지 사당에 들어가 기도하니 여러 사람이 놀라 이상히 여겼다.

한 번은 어떤 사람이 시냇물을 건너다 위태로울 뻔했다. 그때 그 것을 지켜보던 모두 손뼉을 치고 웃었으나 선생은 홀로 기둥을 안 고 눈여겨보며 근심이 얼굴빛에 나타났고, 그 사람이 물에서 나오 고 나서야 그쳤다. 그 부모에 효도하고 남을 사랑하는 마음은 바 로 천성이었다.

_『율곡전서』부록

12세에 찬성공(율곡의 아버지 이원수)의 병이 위독하자 선생은 팔을 찔러 피를 내어 먹이고 선조의 사당에 울면서 기도하여 자신이 대 신 죽기를 청하니, 병이 곧 나았다.

_『율곡전서』부록

옛날부터 부모님이 병석에서 의식이 없으면 손가락을 깨물어 피 를 내어 마시게 한 효자들 이야기는 많이 전해온다. 율곡도 어려서 부터 그런 일화를 듣고 자랐을 것이다. 또한 어머니 사임당이나 외 할아버지의 효에 대한 얘기를 보고 들었기 때문에 효를 내면화시 켰던 것이다.

효라는 것은 책에 나온 문장을 되풀이해서 읽는다고 되는 것이 아니라 내면화를 통해 실천해야 빛을 발하는 덕목이다. 그런 의미 에서 부모들이 자신들은 부모에 대해 불효하면서 자식들에게 효도 를 바란다는 것은 '나무 위에 올라가 물고기를 구하는 것'과 무엇 이 다르겠는가.

율곡은 사임당이 죽은 후 시묘살이를 3년 하였고 자신에게 고통을 주었던 서모 권씨도 극진히 봉양하여 효를 실천하였다.

오늘날 현대의 교육이 학교 중심으로 이루어지면서 입시 위주의 기능적인 교육에 치중하다보니 인성교육은 뒷전이고 가정교육은 방치된 상태에서 아이들은 들판의 망아지처럼 길러지고 있는 것이 현실이다.

그러면 공자는 왜 그토록 효를 강조했을까? 사람이 자기 자식을 사랑하는 것은 동물적 본능에 가깝기 때문에 배우지 않아도 저절로 행하지만 효는 보고 배우고 몸으로 익혀야 비로소 실천할 수 있기 때문일 것이다. 또한 효도와 우애를 몸에 익힌다면 사회에 나가 다른 사람들에게도 그 어짐과 사랑으로 널리 덕을 펼칠 것이라 생각하였기 때문이다.

현재 우리 사회에서 일어나는 많은 범죄 중에 부모에 대한 패륜 범죄가 날로 증가하고 있는 것은 심각한 문제이며 그들 중 고등교육을 받은 사람들이 적지 않다는 사실은 우리나라 교육이 파행적으로 진행되었음을 단적으로 보여준다.

과거 전통사회에서는 가정윤리를 중요시하고 오륜五輪을 중심으로 인성교육을 하였는데 오륜의 출발도 부모에게 효도하는 일이 첫째였다.

자녀들을 훌륭한 인재로 교육시키는 일은 학교의 성적이 아니라, 부모님께 효도하는 것을 몸소 실천하고 가르치는 것이 첫 번째가 되어야 함은 사임당의 교육을 통해 배울 수 있다.

형제는 나와 더불어 한 몸과 같으니
우애로써 대하라

『논어』에서 제자인 자로子路가 묻기를, "어찌하여야 선비라고 이를 만하겠습니까?" 하니 공자는 "형은 우애로써 아우를 대하고 아우는 공손함과 공경으로 대하여 서로 사랑하여야 선비라 할 수 있다."고 답하였다.

사임당이 가정교육에서 효 다음으로 강조한 것은 형제간의 우애였다. 율곡은 어머니의 가르침대로 평생 형제간의 우애를 돈독히 하였다.

사임당은『시경』〈당체棠棣〉에 나오는 형제 화목의 노래를 자녀들에게 들려주었다.

빛 넘치는 산 앵두꽃이 환히 피었네. 지금 세상사람 중에서 형제만한 이가 또 있는가. 죽을 지경에 이르러도 형제는 간절히 생각하며 송장이 쌓인 들판에서도 형제는 서로 찾아가네. 들에 있는 할미새가 바삐 날 듯 형제는 어려울 적에 급히 구하네. 아무리 좋은 벗이 있다 해도 이럴 땐 길게 탄식할 뿐이다. 형제는 집안에서 싸우다가도 밖에선 업신여김을 함께 막는구나.

비록 좋은 친구가 있다 하여도 누가 우리를 도와주리오. 세상의 어지러움 가라앉아서 편안하고 고요할 때가 오면은 맛있는 음식을 차려놓고 취하도록 술을 마신다 하여도 형제가 갖추어 있어야 화락하고 또 아내와 아들이 뜻이 맞아 거문고와 비파가 어울

림 같다 하여도 형제가 한자리에 모여 있어야 즐겁고 이 기쁨이 앞서네.[27]

_『시경』「소아」, 〈당체棠棣〉

사임당의 7남매는 훗날 재산도 공평하게 나누어 가졌으며 형제 간의 우애를 실천하며 살았다. 맏아들 선은 율곡보다 12세 연상인데 47세에 세상을 떠났다.

율곡은 맏형수 곽씨에게 조상의 신주를 모셔오게 하여 제사를 관장케 하였다. 그리고 둘째 형 번에게도 예의를 다했다. 번은 벼슬이 없는 데다 물정이 어둡고 체면을 모르는 사람이었다. 그래서 늘 동생인 율곡에게 의지하였다고 한다. 동생의 지위가 높아진 후에도 주위에 사람이 있건 말건 율곡에게 잔심부름을 시키곤 하였다. 이에 율곡은 조금도 언짢은 기색 없이 형의 시중을 들었는데, 이 모습을 지켜본 제자들이 민망하여 말렸다. 그러나 율곡은 "부형 앞에서 지위가 무슨 상관이며 그 분부를 어찌 다른 사람이 대신하게 할 수 있겠는가? 무릇 부형 앞에서는 지나친 공손이란 없는 것이며, 형님이 돌아가신 뒤에는 예를 행하고 싶어도 할 수 없지 않은가?"라고 반문했다.

한편 율곡은 둘째 형 번 때문에 반대파의 공격을 받기도 하였

27   棠棣之華 鄂不韡韡 凡今之人 莫如兄弟 死喪之威 兄弟孔懷 原隰裒矣 兄弟求矣 鶺鴒在原
兄弟急難 每有良朋 況也永歎 兄弟鬩于牆 外禦其務 每有良朋 烝也無戎 喪亂旣平 旣安且
寧 雖有兄弟 不如友生 儐爾籩豆 飮酒之飫 兄弟旣具 和樂且孺.

다. 『선조실록』에 그 내용이 기록되어 있다. 봉씨와 전답을 가지고 다투었는데 둘째 형 이번이 율곡의 이름으로 소장을 올린 것인데 형을 막지 못한 율곡의 잘못을 논하는 내용이었다. 이에 대해 김수가 변호하였다. 율곡은 형 때문에 억울한 소리를 들었으나 형제간의 의가 상하지는 않았다.

"이이의 일은 전에 아뢰려고 하다가 감히 아뢰지 못하였으나 지금 이미 언급이 된 터이라 감히 아룁니다. 그 사람이 벼슬 사는 것을 즐겁게 여기지 않아 병을 핑계대고 물러난 후에 의식이 매우 어려워서 처가 쪽의 집까지도 팔았습니다. 당초에 봉가奉家와 해택海澤을 가지고 다툴 때에 비록 이이의 이름으로 소장을 올렸지만 실은 그의 형 이번李璠이 한 일인데 봉가에서는 이이가 사주한 것이라고 의심합니다. 이이가 그 형을 막지 못하였으니 허물을 받아 마땅합니다." 하니, 임금이 이르기를 "설사 형이 그런 일을 하더라도 형을 의리로 설득시켜 제지하였어야 할 것인데 어찌 이와 같은 일을 하였단 말인가. 빼앗고 안 빼앗은 것은 내가 알지 못하겠지만 시골에 있을 때는 부유하게 살았다고들 한다." 하였는데, 김수가 아뢰기를, "당초의 처지가 소홀하기는 하였지만 남의 토지를 뺏은 일은 없었습니다."

_『선조실록』, 선조 13년(1580) 5월 26일

그런데 이 '개념 없는' 둘째 형도 마냥 얄미운 짓만 한 것도 아니었다. 번은 총명한 동생 율곡을 내심 무척 자랑스러워 한 것 같다.

『율곡전서』에는 오늘날 율곡의 시문이 전해지게 된 것은 둘째 형 번이 기록한 덕분이라고 한다. 번은 율곡이 매번 외출하였다 돌아오면 무엇을 썼느냐고 반드시 물어서 있으면 직접 적어 기록하였기 때문이었다.

사임당은 "동기간에 우애를 가지고 의를 상하게 하지 마라."고 하며 당나라 고종 때 사람인 장공예張公藝의 구세동거九世同居[28]를 이야기해주었다. 아홉 세대가 함께 산다는 내용이었다. 율곡은 이 이야기를 듣고 "9대가 한 집에 산다는 것은 형편상 어려움이 많겠지만 형제들이 떨어져 살 수는 없는 일이다."라고 하면서 형제가 부모를 모시고 함께 사는 모습을 그려놓고 매일 쳐다보았다고 한다.

율곡은 큰누나인 매창을 많이 따르면서 어려운 일이 있거나 결정해야 할 일이 생기면 의논하고 조언을 들었다고 한다.

한편 우암 송시열이 지은 율곡의 「묘갈문墓碣文」[29]은 율곡과 이우의 우애를 전해주고 있다.

율곡이 해주 석담에 집을 짓고 틈만 있으면 반드시 술상을 차려 아우 우를 시켜 거문고를 타게 하고 또 시도 지으며 즐기면서 이

28 당나라 때 장공예의 '구세동거九世同居'는 『채근담菜根譚』에 소개되면서 널리 알려졌다. 장공예의 집이 아홉 세대에 걸쳐서 대가족이 한 집에서 사이좋게 산다는 소문을 들은 고종이 그 집을 방문하여 많은 가족이 의좋게 사는 비결을 물었다. 장공예는 잠자코 참을 인忍 자를 100자 써서 보였다고 한다. 대가족이 화합하여 같이 사는 비결은 참는 수밖에 없다는 것이다.

29 묘갈은 무덤 앞에 별다른 장식 없이 세우는 작은 비석이다.

르되 "나를 진정 아는 사람은 내 아우 우뿐이다."고 했다.

_ 송시열, 「묘갈문」

　막내동생 이우는 20세에 아버지 이원수마저 세상을 떠난 뒤에 시묘살이를 하며 효성을 다하였다. 서모 권씨의 패악으로 힘든 상황 속에서도 셋째 형 율곡과 함께 모든 일에 화목을 유지할 수 있도록 정성을 다하며 율곡이 세상을 뜬 후에도 형의 가족을 보살폈다고 한다.

　한편 율곡은 초학자들에게 학문하는 방향을 일러주기 위해『격몽요결』을 지었다. 『격몽요결』은 송시열도 그의 아버지에게서 배웠고 다산 정약용도 아들에게 읽으라고 권했을 만큼 조선시대 사대부들의 필독서였는데, 거기서도 형제간의 우애를 역설하고 있다.

　　형제는 부모가 남겨주신 몸을 함께 받아서 나와 더불어 한 몸과 같으니, 형제를 보기를 마땅히 저와 나의 구분이 없게 하여, 음식과 의복의 있고 없음을 모두 마땅히 같이 해야 한다. 가령 형은 굶주리는데 아우는 배부르고, 아우는 추운데 형은 따뜻하다면, 이는 한 몸 가운데에 지체肢體가 어떤 것은 병들고 어떤 것은 건강한 것과 같으니, 몸과 마음이 어찌 한쪽만 편안할 수 있겠는가? 요즘 사람들이 형제간에 서로 사랑하지 않는 것은 모두 부모를 사랑하지 않기 때문이다. 만일 부모를 사랑하는 마음이 있다면 어찌 그 부모의 자식을 사랑하지 않을 수 있겠는가? 형제가 만일 좋지 못한 행실을 저지르면 마땅히 정성을 쌓아 충고해서, 점차 도리로써 깨우쳐 감동하여 깨닫게 하기를 기약할 것이요, 갑자기 노여운 낯빛과 거슬리는 말을 하여 그 화합함을 잃어서는 안 된다.

_『격몽요결』「거가장」

율곡이 형제의 우애를 나눈 일화를 율곡의 제자인 조익(趙翼, 1579~1655)이 기록하고 있다. 율곡이 세상을 떠난 후 같은 내용이 『인조실록』 13년 5월 13일자 기사에도 나타나 있다. 사임당 생존에도 가세가 넉넉지 않았지만 율곡은 평생 청빈한 생활로 곤궁하게 살았던 것으로 나타나고 있다. 다음 기록을 보면 형제들도 율곡보다 형편이 더 좋지는 않았던 것으로 보인다.

장인 노경린盧慶麟이 서울에 집 한 채를 사서 율곡에게 준 것이 있었는데, 율곡은 형제들이 모두 가난하게 살아 끼니를 못 이어가는 형편임을 보고, 자기가 그 집을 지니고 태연히 있을 수 없어 마침내 그 집을 팔아 가지고, 그 돈으로 베를 사서 골고루 분배한 일이 있었다. 그리고 서울에 집 한 채가 없었으며, 그러기 때문에 오히려 모든 형제가 먹건 굶건 같이 사는 수밖에 없었고, 때로는 죽도 끓이지 못하는 때가 있었다는 것이다.

_ 조익,『포저집浦渚集』

율곡의 형제들은 매우 가난했을 뿐 아니라 큰형이 일찍이 세상을 떠나자 그 가족들을 불러들여 동거했으며, 그 밖의 친척 가운데 가난하여 의탁할 곳이 없는 사람들과 함께 모여 살았기 때문에 거느린 식구가 거의 100명에 이르렀다고 한다.

_『율곡전서』 권38, 「제가기술잡록諸家記述雜錄」

율곡은 부모로부터 유산을 물려받았고 외할머니에게서 재산을 물려받기는 하였으나 100명에 이르는 식솔들을 먹여 살리기는 몹시 힘이 들었고 평생 청빈하게 살았기 때문에 늘 쪼들릴 수밖에 없었던 것이다. 어떤 이들은 율곡이 가난하게 살지 않았고 후대에 미화한 것이라고 주장하지만 아무리 재산이 많더라도 100명의 생계를 꾸려간다면 살림이 넉넉할 수는 없는 것이다. 또한 율곡을 미화하기 위해 여러 사람들이 기록을 남겼다고 하는 것은 조선의 선비들을 모독하는 이야기다.

이항복이나 조익, 허봉의 학식과 인품으로 미루어볼 때 없는 사실을 만들거나 왜곡할 이유가 없다. 오히려 보기 딱할 정도로 청빈을 지키는 율곡의 삶이 안쓰럽기도 하고 존경심에서 기록을 남겼다고 보는 편이 맞을 것이다.

율곡과 동시대에 살았으며 율곡을 만나러 해주까지 갔던 허균의 친형 허봉은 다음과 같은 일화를 전한다.

대체로 이숙헌(율곡)이 이곳에 온 것은 본래 전원田園을 넓게 열고 종족宗族을 모두 모아서 같이 살고자 생각했던 것인데, 일은 뜻과 같지 않았고 집 일이 궁핍하여서 미음죽도 잇지를 못하였으니 참으로 연민할 만하였다. 지금 같은 때에 이러한 사람이 있는데

도 그에게 궁벽한 골짜기 속에서 먹는 것조차 가난하게 하였으니 세상살이가 알 만하였다.

_ 허봉, 『조천록朝天錄』

율곡의 가난에 대해서 또 다른 일화가 있다. 어릴 적 친구였던 최립崔岦이 율곡의 딱한 사정을 알고 쌀을 보냈는데 받지 않고 돌려보냈다. 어떻게 보면 융통성이 없고 현실감각이 떨어진다고 볼 수도 있으나 선비로서 자신의 신념에 어긋나는 행동을 할 수 없었던 것으로 이해된다.

해주 석담에 살 때였다. 언제나 점심에는 밥을 먹지 않았다. 양식이 모자라기 때문에 죽도 끓이지 못하는 때가 있었다. 이것을 안 재령군수가 선생에게 쌀을 보내드렸다. 더구나 그 군수는 최립이란 이로, 율곡의 어릴 적 친구였다. 그러나 율곡은 그것을 받지 않았다. 자제들은 양식이 끊어졌던 차에 어디서 쌀 선물이 들어오므로 대단히 반가웠는데, 율곡은 두말도 없이 그것을 거절하는 것이다. 자제들이 이상히 여기며 물었다. 선생은 자제들을 향해서, "국법에 장물臟物을 주고받는 죄는 아주 엄격한 것이다. 우리나라 수령들이 나라 곡식 아닌 다음에야 따로 무슨 곡식이 있을 것이냐. 수령들이라 할지라도 제 개인의 곡식을 주는 다음에야 어찌 안 받을 것이 있겠느냐마는, 이 최 군수는 제 것이 있는 사람이 아니라 응당 나라 곡식을 보내주는 것일 테니 내가 어찌 그것을 받을 수 있겠느냐, 그대로 시장한 채 견디며 사는 것이지." 하는 것이었다.

_『율곡전서』 권38, 「잡록」

율곡은 곤궁한 생계를 해결하기 위해 대장간에서 호미를 만들어 팔기도 했다. 이항복[30]이 최유해崔有海에게 보낸 편지를 보자.

근세에 와서 모재 김안국金安國 선생이 여주에 물러나 있을 적에 친히 추수를 거두러 다니며, 마당에 한 알이라도 흘리지 못하게 하며, 이게 모두 하늘이 주시는 것이라 했습니다. 그리고 율곡 선생도 해주에서 대장간을 일으켜서 호미를 만들어 팔아 그것으로 양식을 바꾸었던 것이니, 이같이 의義에 해당한 일은 큰 인물도 그것을 부끄러이 여기지 않았던 것인가 생각합니다.

_ 이항복, 『백사집白沙集』

그러나 율곡은 빈궁을 벗어날 방책으로 노동하는 것을 당당하게 여겼다.

옛날의 은자隱者 중에는 신을 삼아 팔아서 먹고 산 자와 땔나무를 하거나 고기를 잡아서 생활한 자와 지팡이를 꽂아 놓고 김을

30   이항복(1556~1618)은 조선중기의 문신·정치가이다. 호는 백사白沙. 도원수 권율의 사위이다. 오성부원군鰲城府院君에 봉군되어 오성대감으로 널리 알려졌다. 한음 이덕형과 얽힌 많은 이야기로 더욱 잘 알려진 인물이다.

매며 산 자가 있었으니, 이런 사람들은 부귀가 그 마음을 움직일
수 없었다. 그러므로 이에 편안할 수 있었던 것이다.

_『격몽요결』「거가장」

율곡 집안의 피폐한 살림살이는 그가 세상을 떠난 후에도 계속
되었던 것으로 나타난다. 장례 비용조차 없고 가솔들이 거처할 집
한 채가 없었던 형편이었으니 그가 평생을 어떻게 살았는지 단적
으로 알 수 있다.

벼슬이 좌의정에 이르렀음에도 검박한 삶을 살았던 것으로 알려
진 이정구(李廷龜, 1564~1635)도 율곡의 삶에 대해 이렇게 전한다.

선생같이 생전에 일국을 잡아 흔드는 높은 명성을 가진 큰 인물
로서, 가정생활은 어찌 그리 궁색하게 지냈던 것인지. 그는 물론
나라를 위하는 생각뿐이요, 집안일에는 머리를 쓰지 않은 때문
이었을 것이다. 그의 가난했던 가정 형편은 율곡이 별세하던 날
여실히 나타났다. 선생이 별세한 뒤에 당장, 집안에는 모아 놓은
것이라고는 아무것도 없고, 심지어 옷도 마련해 놓은 것이 없어
다른 이의 수의를 빌려 와서 염습을 했고, 또 그 뒤에는 처자들
이 집이 없어 이리저리 이사 다녀 의지할 곳이 없었으며, 얼고 주
림을 면할 길이 없는 것을 보고, 친구들과 유림의 선비들이 돈을
모아서 율곡의 처자들을 위하여 서울에 집 한 칸을 마련해준 일
이 있었다.

_ 이정구, 『율곡 선생 시장諡狀』

율곡이 높은 벼슬을 하면서도 평생 어렵게 살았던 이유는 두 가지로 짐작된다. 첫째로 여러 형제들을 거두어 먹여 살렸기 때문이고, 둘째로 청탁이나 뇌물을 받지 않았기 때문이다. 옛날이나 지금이나 공직자가 지나치게 부유한 것은 부모로부터 많은 유산을 받지 않고서는 어려운 일이다. 그럼에도 불구하고 오늘날 우리 사회에서 고위공직자들이 자신들의 지위를 이용하여 부동산 투기와 뇌물수수, 공금횡령, 불법거래 등 다양한 방법으로 재산증식에 힘쓰고 있고, 그것을 당연하다는 듯 수치심도 상실한 채 녹봉을 받아먹고 있으니 그야말로 고양이에게 생선가게 맡긴 격이며 도둑에게 집을 봐달라는 격이다.

율곡이 선조에게 올린 4가지 시정의 폐단을 개정해야 한다는 상소문을 보면 오늘날과 전혀 다르지 않다.

공적이 작록을 탐내는 자를 먹여주는 데서 무너진다는 것은 무엇을 말한 것이겠습니까? 관직을 나누어 설치한 것은 곤궁한 사람들에게 녹을 주기 위한 것이 아니라 인재를 얻어 국사를 잘 다스리기 위한 것입니다. 그런데 지금은 그렇지 아니하여 사람만을 위해서 관직을 고르고 재주가 있는지 없는지의 여부는 묻지 않습니다. 이리하여 대관들은 녹봉만을 유지하면서 실지로 나라를 걱정하는 뜻을 지닌 사람이 적고 소관들도 녹 받아먹기만을 탐내면서 전혀 직책을 수행하려는 생각을 갖지 아니하여 서로 옳지 못한 행위만을 본받으므로 관직의 기강이 해이해졌습니다.

_『선조수정실록』, 선조 15년 9월 1일

공직자는 나라를 위해 봉사하는 사람인데 오늘날 행정고시나 사법고시를 개인의 신분상승의 에스컬레이터나 부귀영화를 누리려는 출세의 무대로 생각하고 있다면 그가 과연 국민을 위해서 약자를 위해서 성실히 소임을 다할 수 있겠는가?

교육의 목표가 대학입시와 직장 구하기로 변질된 것이 오늘의 현실이다.

교육의 개혁은 입시 제도를 바꾼다고 이루어질 수 있는 것이 아니다.

부모님께 효도하고 형제간에 우애를 지키는 것이 인간의 도리를 배우는 첫 걸음인데 현재 우리 사회는 그러한 가정교육이 상실된 속에서 학교교육도 사회교육도 모두 방향을 잃고 말았다. 인간이 짐승과 다른 이유는 수치심을 느낀다는 것이다. 수치심을 잃어버린다면 짐승과도 같다. 그런 인간을 두고 '인두겁'이란 말을 썼던 것이다. 사람의 탈을 썼을 뿐이라는 뜻이다.

사임당의 교육론이 21세기에 다시 조명되는 이유는 교육이 사람의 도리를 가르쳐야 한다는 철학에서 출발하기 때문이다.

셋째 아들 율곡,
100명의 친척들과 모여 살다

율곡은 어릴 때 어머니 사임당이 들려준 장공예의 구세동거 이야기를 마음에 새기고 형제들이 함께 모여 살기를 희망하였다.

1576년에 41세의 율곡은 벼슬을 사양하고 해주 석담으로 이주하였는데 처음에는 7년 전에 죽은 맏형 선의 유가족을 데리고 와서 형수 곽씨로 하여금 집안 살림을 주관하게 하고는 직계 형제 중심으로 모여 살았다. 그러나 점점 가까운 친척 중에서 의지할 데 없는 사람이나 극도로 가난하여 도와주어야 할 사람들까지 모여들어 나중에는 100여 명에 이르는 대가족이 되었다. 하지만 율곡은 〈동거계사同居誡辭〉라는 가족 사이에 지켜야 할 준칙을 만들어 많은 가족들을 무리 없이 잘 이끌었다.

〈동거계사〉란 '함께 살아감에 있어 경계하는 말'이라는 뜻으로 가정 화목 지침서라 할 수 있으며 모두 7개의 조목으로 되어 있다.

1. 부모에게 효도하고 정성으로 제사를 모시고
2. 홀로 된 형수를 일가의 으뜸으로 받들고
3. 사사로운 재물을 두지 말고
4. 아내와 소실을 모두 지극하게 대하며
5. 웃어른을 공손히 섬기고
6. 삼촌과 사촌을 어버이와 친형제의 예로 사랑하며
7. 일가가 모두 회동할 것

율곡은 형제들이 함께 사는 이유를 다음과 같이 밝히고 있다.

"동생同生 즉, 형제가 부모의 몸으로써 나누어 낳았으니 한 몸이나 다르지 아니하니 서로 사랑하여 조금도 내 것, 남의 것 하는

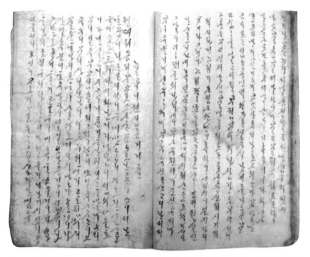

〈동거계사〉 한글 필사본. 율곡이 100여 명의 대가족과 화목하게 지내기
위해 만든 7가지 준칙이다.

마음 없으며 진실로 사랑하여 살지어다. 그러므로 옛사람이 구
족九族이 동거하였는데 하물며 우리는 부모님 일찍 여의었고 맏형
님도 일찍 돌아가셨으니 우리 살아 있는 이가 서로 사랑하여 한
세간에 살며 서로 떠나지 말지어다. 서로 떠나서 살게 되면 인생
이 사는 보람이 아니므로 동거의 계획을 하나니, 비록 고향을 떠
나 이리로 왔어도 일가가 화동和同하여 즐거이 지내면 우연한 일
이겠는가."

_ 〈동거계사〉 머리말

오늘날 우리는 부모 자식간에, 또는 형제간에 재산 때문에 의가
상하는 정도가 아니라 소송까지 불사하는 황폐한 시대에 살고 있
다. 가정에서부터 근본이 어그러지니 사회 속에서 인간관계가 경쟁

적이고 폭력적이 될 수밖에 없다.

부모에 대한 효와 형제간의 우애를 가르치기 위해 힘썼던 사임당의 교육은 사람으로서의 도리를 다하는 도덕적 완성에 목표를 두었다. 따라서 사임당 자신이 먼저 모범을 보이고 어릴 때부터 7남매에게 귀에 못이 박히도록 옛 성현의 효제孝悌를 들려주었다. 가정교육의 중요성을 다시 한 번 느끼게 하는 대목이다.

16세기 어머니 사임당,
뜻을 세우고 의지를 가지라고 가르치다

사임당의 맏아들 선은 여러 차례 과거에 응시하였으나 무려 30여 년 동안 번번이 낙방했다. 낙심했을 선에게 사임당은 "모든 일은 마음먹기에 달렸으니 낙심하지 말고 조용히 학문을 닦아라. 다만 배우는 이가 종신토록 글을 읽어도 성공하지 못하는 것은 뜻이 서지 않은 까닭이다."라고 위로와 격려를 하였다.

조선시대 평균수명은 35세인데 과거급제자의 평균연령이 35세였다. 선은 마흔 살에야 겨우 과거에 합격하였으니 30여 년 동안 그가 받은 과거시험 스트레스와 심리적 압박감은 차마 말로 형용하기 어려웠을 것이다. 그런 그에게 용기를 주고 끊임없이 격려를 해준 사람이 어머니였다.

사임당이 7남매의 교육에서 강조한 교육목표 중 하나는 '출세하라', '높은 벼슬을 구해라' 따위가 아니라 '뜻을 세우라'는 것이었다.

그리고 뜻을 세웠으면 어떤 어려움이 있더라도 반드시 그것을 이루고자 하는 '의지를 가지라'는 것이었다.

뜻을 세운다는 것은 무엇일까? 공자는 열다섯에 학문에 뜻을 두었고, 서른에는 생각이 바로 섰고, 마흔에는 모든 사리에 잘못되고 밝지 못한 것을 아니하였고, 쉰에는 하늘에 도리를 깨쳤고, 예순에는 모든 일을 들으며 저절로 알게 되었고 일흔에는 하고 싶은 대로 다해도 법도를 넘은 적이 없었다고 했다.

사임당은 일찍이 군자의 도를 구하겠다는 뜻을 세우고 스스로 사임당이라는 호를 지었다. 문왕의 어머니 태임을 본받으려 했던 것이다.

사임당이 태임을 본받으려 한 이유가 현모양처가 되고자 했던 것이라고 말하는 사람들이 있는데, 그것은 '제 논에 물 대기' 식 해석이다. 어려서부터 남달리 총명하여 경전을 읽은 여자 아이, 심지어 어린 나이에 스스로 호를 짓는 범상치 않은 행위까지 한 '맹랑한' 여자 아이가 품은 포부가 현모양처라니, 이상하지 않은가? 또한 앞에서도 말했듯이 조선시대에는 현모양처라는 개념 자체가 아예 없었다.

중국의 태임은 주자가 존경할 만큼 성인으로 추앙받던 인물이었다. 사임당은 그런 태임을 여성군자로 생각하였고 자신도 군자로 살겠다는 뜻을 세웠던 것이다. '인격적으로 완성된 인간'. 그것이 군자의 모습이었고 그래서 성현들의 말씀에 따라 실천하면서 동시에 7남매에게도 군자의 삶을 가르쳤던 것이다.

사임당은 학문에 있어서도 뜻을 세우는 것이 우선이라 생각하였다. 이와 같은 사임당의 입지(立志, 뜻을 세움)에 대한 교육은 율곡 사상의 핵심이 되었고, 입지에 대한 율곡의 생각은 「자경문自警文」에서 「학교모범學校模範」, 『격몽요결』에 이르기까지 평생 일관되게 강조된 교육목표가 되었다.

그런 생각을 처음으로 언급한 것은 율곡이 자신을 경계로 삼기 위해 지은 「자경문」이다. 율곡은 어머니의 사후 금강산에 입산했다가 돌아온 20세 무렵 자신이 한때나마 마음을 잡지 못하고 방황하여 불문佛門에 귀의하였던 이유가 무엇보다도 스스로 지향해야 할 목표가 없었기 때문이라고 반성한다. 같은 이유로 『격몽요결』에도 첫 번째에 「입지장立志章」을 두었다.

처음 배우는 사람은 먼저 뜻을 세워 반드시 성인이 될 것을 스스로 기약해야 하며, 털끝만큼이라도 스스로를 작다고 생각하여 뒤로 물러날 생각을 해서는 안 된다. 대개 평범한 사람과 성인은 그 근본 성품만은 똑같은 것이다. 비록 기질에 맑고 흐림과 순수하고 섞임이 서로 다를 수 있다고 하더라도, 진실로 참을 알고 실제로 행하여, 그 옛날 물든 것을 제거하고 본래 성품을 되찾는다면 모든 착한 것이 다 넉넉히 갖춰지게 된다.

_『격몽요결』「입지장」

그러나 뜻을 세웠다고 하면서도 머뭇거리는 것은 말로는 뜻을 세웠다고 하나 실은 배움을 향하는 성의가 없기 때문이라고 지적했다. 결국 율곡이 강조한 것은 뜻을 세우는 데에는 천성보다 노력이 중요하다는 것이었다. 용모나 키는 타고난 것이라 바꿀 수 없지만 마음만은 노력을 통해 어리석음에서 지혜롭게 바꿀 수 있다고 본 것이다.

사람의 용모는 추한 모습을 바꾸어 아름답게 할 수 없고, 체력은 약한 것을 바꾸어 강하게 할 수 없으며, 신체는 짧은 키를 바꾸어 크게 할 수 없으니 이와 같은 것들은 타고나면서부터 이미 정해진 분수라 변화시킬 수 없으나 오직 심지心志만은 어리석은 것을 바꾸어 지혜롭게 할 수 있으며, 불초한 것을 바꾸어 어질게 할 수 있다. 이것은 마음이 텅 비었으나 영묘하여 태어날 때 부여받은 기질에 구애되지 않기 때문이다.

40세 때 선조에게 올린 『성학집요』에서 그는 이렇게 말했다.

신이 살피건대 학문을 하는 데는 뜻을 세우는 것보다 앞서는 것이 없습니다. 뜻을 세우지 않고서 능히 공부를 이룬 이는 없습니다. 그러므로 수기修己의 조목에 입지立志를 우선으로 삼았습니다.

그만큼 뜻을 세우는 것이 중요하다고 역설하였던 것이다.

「학교모범」은 율곡이 47세에 왕명을 받들어 만든 수신서修身書인데 여기서도 16개의 항목 중 입지를 첫 번째로 논했다. 그가 입지를 얼마나 중시했는지를 알 수 있는 대목이다.

오늘날 교육에서도 학습효과를 높이는 데에 동기부여는 대단히 중요한 요인이다. 그런 점에서 뜻을 세워 공부를 한다는 옛 성현이나 사임당, 그리고 율곡에게 계승된 입지론은 오늘날 교육에도 시사하는 바가 크다. 사임당이나 율곡이 말한 입지立志는 교육의 이상으로서 성인의 학문을 목표로 하고 교육을 통해 도달해야 할 이상적 인간으로서의 성인, 말하자면 군자를 지향했던 것이다.

요즘 초등학생들의 장래희망에 '7급 공무원'이라는 말이 회자된다. "자식이 공무원이 되면 두 발 뻗고 잘 수 있겠다."고 말하는 부모들도 적지 않다. 20대들이 공무원을 많이 지망하는 건 우선은 안정된 직장이라는 점이고 실제로 20대, 30대 공무원들 중에는 국민생활과 직결된 공적 서비스를 제공하는 일 자체에서 큰 보람을 느낀다고도 한다. 그러나 공무원 시험을 위해서 다니던 대학도 그만두고 자신이 원하는 일이 경제적 수입이 낮은 것이라고 쉽게 포기하는 지금의 세태를 보면 그들의 우울한 초상화를 넘어 우리 사회의 미래가 암울하게만 느껴진다.

뜻을 세운다는 것은 단 한 번밖에 주어지지 않은 인생에서 내 꿈을 설계하는 일이다. 나의 의지와 열정을 쏟아 부을 뭔가를 찾는 일이다. 그런데 청년들의 꿈이 안정된 밥벌이와 신분보장에 집중되는 현실을 어떻게 보아야 할 것인가.

뜻을 세우지 않으니 꿈도 없는 청춘의 삶은 좀비나 강시와 다를 바 없는 것이다. 오늘날에도 가정과 학교에서 자녀들과 학생들에게 가르쳐야 할 가장 중요한 덕목은 영어나 수학이 아니라 뜻을 세우게 하는 일이다.

그렇다면 입지하려면 어떻게 해야 할까? 율곡은 입지하는 방법을 성誠에 두었다. 따라서 모든 것의 참眞을 파악하기 위해서는 우선 나 자신의 태도로부터 정성으로 해야 할 것은 두말할 필요가 없다. 조선시대 사대부의 필독서인 사서 중 『중용』의 후반부는 모두 성誠에 대한 내용으로 되어 있는데 유교의 철학을 밝히고 있다.

성誠이란 것은 하늘의 도이다. 성誠이 나오게 하는 것은 사람의 도다.

성이란 것은 열심히 하지 않아도 적중하고 생각하지 않아도 얻어지고 조용히 있어도 도에 적중하니 성인聖人의 경지이다.

성誠을 이루도록 하는 것은 착함을 선택해서 굳게 잡고 나가는 것이다.

그러기 위해서 널리 선善을 배우고 살펴 선을 묻는다. 삼가 선을 밝게 선을 분별하고 독실하게 실천해야 한다.

정성을 다한다는 것은 하늘의 도인데 그렇게 되려고 노력하는 것은 성실하느냐에 달려 있다는 뜻으로 해석할 수 있다.

믿음과 의리의 덕을 지키라고
가르친 사임당

사임당이 지키라고 한 믿음과 의리의 덕 즉 신의信義는 아버지 신명화에게 배운 덕목이었다. 앞에서 본 바와 같이 신명화는 장인의 부탁조차 그것이 잘못이라 여겨지면 일언지하에 거절하는 꼿꼿한 성품의 소유자였다.

그런 아버지는 사임당에게 육친인 동시에 스승이었다. 그래서 대쪽 같은 아버지의 성품도 물려받았지만 경전을 배우고 덕행도 본받았던 것이다. 때문에 자식들에게도 늘 신의를 강조하였고 말을 할 때 신중하기를 가르쳤다. 율곡은 「학교모범」 제4조에 〈신언愼言〉을 넣어 다음과 같이 강조하였다.

넷째는 말을 삼가는 것이니, 배우는 자가 선비의 행실을 닦으려 하면 반드시 추기언어를 삼가야 한다.

사람의 과실은 흔히 언어에서 나오는 것이니, 말은 반드시 정성스럽고 믿음성 있게 하고 반드시 때에 맞추어 하며, 수긍이나 승낙은 신중히 하고, 말투를 정숙하게 하고, 농담을 하지 말고 떠들지를 말아야 한다.

다만 문자와 의리에 있어 유익한 말만 하고, 거칠고 잡스러운 것, 괴이한 것, 귀신 등과 시정배의 비루한 말 따위는 입에서 내지 말아야 한다.

이를테면 무리들과 어울려 쓸데없는 이야기로 날을 보내거나, 시정時政을 부질없이 마구 논란하거나, 남의 장점과 단점을 서로 비교하는 것은 모두 공부에 방해가 되고 일을 해치므로 일체 경계하여야 한다.

_ 「학교모범」 〈신언〉

율곡의 형제들이 평생 가난하게 살았던 것은 사람 사귀기를 신중히 하고 불의를 따르지 않으며 믿음과 의리를 저버리지 않고 살았기 때문이 아니었을까. 큰형은 일찍 죽었지만 큰누나 매창의 남편도 벼슬을 하고 막내인 이우도 여러 고을 현감까지 지냈다. 이우가 비안 현감에 있을 때 형장을 사용하지 않아 관리와 백성이 그를 사랑하고 받들었다. 임기가 찼을 때 비안 사람들이 유임해 달라고 청해 7년을 더 다스렸다고 한다. 또한 율곡은 높은 벼슬을 하였으니 끼니를 걱정할 정도는 아닌 형편이었는데 가난한 일가친척들을 돌보느라 형제들도 어렵게 생활했던 것으로 짐작된다.

또한 사임당이 특히 강조한 대목은 벗과 사귀되 말에 믿음이 있어야 한다는 것이다.

율곡이 평생 절친하게 지냈던 친구는 성혼과 송익필을 꼽을 수 있는데, 이들은 모두 학문과 도의, 신의로 맺은 관계였다. 특히 송익필은 그 아버지가 계집종과 관계하여 낳은 자식이라 천한 신분이었다. 그럼에도 불구하고 율곡은 그와 평생지기로 만났고, 율곡 덕분에 송익필의 학문은 세상에 널리 알려졌다.

송익필이 25세 되던 해였다. 율곡은 과거에 장원급제하여 써낸 「천도책天道策」이 많은 사람들에게 주목을 받았고 젊은 선비들이 율곡에게 가르침을 받고자 찾아왔다. 율곡은 그들에게 말하기를 "구봉龜峰을 찾아가시오. 구봉 송익필은 학문이 고매하고 깊고 넓어 나보다 훨씬 나으니 그에게 물어보시오." 그 후 구봉의 집은 사람들로 북적거렸고 그는 선비들의 질문에 막힘없이 대답하였다. 그리하여 구봉의 이름은 온 나라에 퍼져나갔다. 그때 11세 된 아들을 데리고 찾아온 인물이 김계휘였고 그 아들이 훗날 대학자가 된 사계 김장생이었다.

_『삼현수간』

율곡의 추천으로 조선 예학의 최고 권위자로 알려진 김장생이 송익필의 제자가 되었고 그의 학문이 송시열에게 전해진 것이다.

뿐만 아니라 송익필은 아버지의 과오 때문에 오랫동안 유배와 도피생활을 했는데, 율곡은 송익필이 도피생활을 하고 있는 당진까지 찾아가 위로를 하며 우정을 나누었다. 친구로서 신의를 지킨 것이다.

송익필의 부친 송사련은 원래 안당 집안의 노비 출신이었는데 1586년(선조 19) 나중에 안씨 집안을 밀고하여 신사무옥을 일으켰고 훗날 안처겸의 후손들이 송사를 일으켜 안씨 집안의 사람들은 신원이 회복되었다. 이에 송익필 형제들을 포함한 감정의 후손들이 안씨 집의 사노비였음이 드러나고 송사를 통해서 안씨 집안의 사노비로 환속되었다. 송익필은 성씨와 이름을 바꾸어 도피생활에 들어갔다. 그때 당진과 인연이 되어 당진시 송산면 매곡리에 은거생활 중 율곡이 다시 찾아와 산을 바라보며 은거 생활의 고통과 우정의 회포를 나누었다고 전한다.

_『삼현수간』

돈과 이해관계를 따지면서 친구 관계를 맺고 친구가 어려운 지경에 빠지면 혹시라도 자신에게 불리하거나 불똥이 튈까 근심하여 얼굴 바꾸는 일이 비일비재한 오늘날의 세태와는 극명한 대조를 보인다.

소인배와 친구가 된다면 보고 듣는 것이 없을 뿐 아니라 자신도 모르게 바르지 않은 것에 물들기 쉽고 다른 이들로부터 똑같이 취급받을 수도 있다. 이는 오늘날 교육현장에서도 여실히 드러나고 있다.

왕따나 학교폭력은 상처와 문제를 안고 있는 학생들끼리 어울려 자신들의 욕구불만을 약자인 학우들에게 폭력적으로 분출시키고 있는 행태다. 평범했던 학생이 폭력서클에 발을 디뎌서 인생을 망치는 경우가 나타나는 것도 친구 사귀기를 가볍게 생각하였기 때문이다.

'친구 따라 강남 간다'는 속담은 덩달아 따라간다는 뜻도 있지만 끼리끼리 어울린다는 뜻도 있다. 좋은 친구를 만나려면 먼저 자신이 좋은 사람이 되기에 힘써야 하는 것도 이 때문이다.

여성의 4대 덕목 중
세 가지는 인격수양이다

조선왕조가 시작되면서 『예기』에 나오는 '남녀칠세부동男女七歲不同'이라고 '일곱 살이 되면 남녀는 자리를 함께 하지 않고, 음식을 같이 먹지 않는다'는 내외사상이 조선시대에 들어와 '내외법內外法'이라는 이름으로 법률화되었는데 처음 시행은 세종 대라고 알려져 있으나 17세기까지는 잘 지켜지지 않았다고 한다.

『태종실록』14년(1414) 11월 17일자에는 '부녀자는 입모笠帽를 드리우도록 명하고 부채를 가지는 것은 금하다'라는 기사가 나오는데 입모는 얼굴을 가릴 때 쓰는 것이다. 이 기사는 풍기단속이 잘 되지 않는다고 사헌부에서 다시 건의한 내용 중 일부다. 부녀자는 얼굴을 드러내지 말라는 것이니 내외법이 적용되는 경우였다.

조선 초의 여성교육은 주로 가정에서 어머니가 딸을 가르치는 형태였으며 사임당 당시 사대부 집안에서는『소학』과『효경』,『내훈』등이 교과서로 읽혔지만 글을 배우지 않은 여성들도 많았고 세종대왕이 한글을 창제한 이후에는 한글로 번역된 경전들을 읽었다.

여성은 서당이나 다른 교육기관에서 교육을 받지 않았고 외출도 함부로 하기 힘들었다. 그러므로 사임당의 세 딸 역시 어머니에게 직접 가르침을 받았을 것이다. 지금으로 말하면 시대적 상황에 따른 어쩔 수 없는 '홈스쿨링'인 셈이다.

사임당은 큰딸 매창을 비롯한 세 딸에게는 여성으로 지켜야 할 네 가지 덕이 있음을 가르쳤다. 이는 자신이 어렸을 때부터 읽었던 여성교육서의 내용들이었다.『내훈』에 나오는 여성이 지켜야 할 네 가지 덕은 부덕婦德, 부언婦言, 부용婦容, 부공婦功이었다.

① 부덕婦德이란 재주나 총명보다 맑고 조용하고 다소곳하며, 절개를 지키고 격식에 맞게 차려입고 매무시를 바르게 하여 제

몸가짐에 좋고 부끄러움을 가리고 움직임과 멈춤에 법도가 있는 것이라 하였다.

② 부언婦言은 말을 잘하는 것보다 말을 가리어 할 줄 알되, 나쁜 말과 남이 싫어하는 말을 입 밖에 내지 않음으로써 다른 사람에게 불쾌감을 주지 않는 것이다.

③ 부용婦容은 얼굴을 꾸미는 것보다 몸과 얼굴을 깨끗이 하며 옷을 깔끔하고 청결하게 하는 것이라 하였다.

④ 부공婦功은 재주보다 길쌈에 전념하며 주식酒食을 깨끗하게 만들어 손님을 잘 접대하는 것이 여자의 솜씨라는 것이다.

이 네 가지는 여자의 큰 덕으로서 버려서는 안 되는 것이다. 그러나 이 일들을 행하기는 몹시 쉬운 것이니 오직 마음속에 간직해두어야 한다.

_『내훈』

흔히 이 여유사행女有四行를 현모양처로 교육시키기 위한 내용이라고 해석을 하는데 네 번째의 부공, 즉 여자로서의 솜씨를 제외한 세 가지 항목은 여성뿐 아니라 사대부에게도 해당되는 덕목이다. 그렇다면 먼저 인품과 인격수양을 하는 것이 여성으로서 해야 할 소임이라는 것을 알 수 있다.

사임당은 7남매를 가르치는 데 있어 교육의 목표와 목적에 대한 확고한 철학이 있었던 것으로 보인다. 그렇기 때문에 임신했을 때부터 고대 성현들의 태교법에 따라 매사에 언행을 조심하였다.

또한 교육은 단순한 지식의 전달이 아니라 가르치는 사람의 인격과 언행에 영향을 받는다는 사실을 중요시했다. 그래서 자신의 인격도야에도 충실하여 자녀들에게 모범이 되도록 노력하였던 것이다. 엄마 게가 옆으로 걸어가면서 아기 게에게 너는 똑바로 걸으라고 하는 우화가 생각나는 대목이다. 부모가 자신은 멋대로 행동하면서 자녀들에게는 도덕적인 설교나 잔소리를 한다면 말에 권위가 서지 않는다. 사임당의 말이 자녀들에게 '먹힌' 것은 사임당 스스로 본을 보였기 때문일 것이다.

사임당은 뜻을 세우는 것을 교육의 최우선 목표로 삼았다고 앞에서 말했다. 뜻을 세운다는 것은 한 인간이 평생 무엇을 위해 살 것인가 하는 방향을 제시하는 것이다. 사람마다 타고난 기질과 성품은 다르더라도 각자의 목표를 세운다는 것은 교육적으로 중요한 의미를 갖기 때문이다. 그리고 뜻을 세웠다 하더라도 성심을 다해 실천하지 않으면 그 뜻을 이룰 수 없다고 본 것이다.

한편 사임당이 7남매에게 밤낮으로 부모에게 효도하고 형제간에 우애 있게 지낼 것을 강조한 것은 그러한 어짊과 사랑의 마음이 널리 다른 사람에게도 펼쳐지기를 바랐기 때문이었다. 실제로 율곡의 형제들은 평생 서로 돕고 감싸주고 살았던 것으로 전한다. 그리고 친구를 사귐에 있어 믿음과 의로움을 가지라고 강조하였고 율곡과 송익필의 우정도 그러한 가르침의 영향이 컸던 것이다.

그리고 세 딸들에게 여성이 갖추어야 할 네 가지 덕을 가르친 것은 먼저 인격을 닦고 자신을 수양하는 가운데 여성으로 할 수 있는 솜씨를 배워야 한다는 뜻이 담겨져 있는 것이다.

사임당의 큰딸 매창이 훗날 '작은 사임당'으로 군자라는 말까지 듣게 된 것은 아들들과 차별을 두지 않고 딸들에게도 똑같이 학문을 가르친 결과였다고 본다.

사임당의 교육 방법론은
공자에게서 배우다

지금 우리는 '밥상머리 교육' 부재의 시대를 살고 있다. 요즘 가정에서 밥상머리 교육이 이루어지지 않는 가장 큰 이유는 가족이 각자의 일정으로 바쁘고 활동시간 대도 다르다보니 식탁에 오순도순 둘러 앉아 함께 밥을 먹을 기회가 거의 없어졌기 때문이다. 한 자리에 모여 밥을 먹기란 미리 날짜와 시간을 약속하기 전에는 어려운 일이 되었다. 그러다보니 가족간에 얼굴 볼 시간도 별로 없으니 마주 앉아 대화할 기회도 없고 소통이 안 되는 것은 당연한 결과이다. 가정교육이 부재할 수밖에 없는 현실에 직면한 것이다.

그러나 예전에는 가정교육이 주로 부모님의 말씀에 따라 이루어졌고 부모님은 자신이 어렸을 때 전해들은 이야기를 중심으로 자녀들에게 전달하는 방식이었다. 흔한 말로 '밥상머리 교육'이다. 함께 밥을 먹으면서 맨 먼저 식사예절부터 가르치고, 머리가 조금씩 굵어지면 사회에서 일어나는 일들에 대해 이런저런 이야기들을 나누면서 타인과의 대화법도 저절로 습득할 수 있었던 것이다.

교육방법 중에 오랜 역사를 가진 것은 대화법이다. 예수, 석가,

공자, 소크라테스 등 4대 성인들이 가르친 방법이 모두 대화법이었다. 스승이 질문하면 제자가 답을 구하고 때로는 제자가 물으면 그에 맞는 답을 찾는데 답을 먼저 가르쳐주는 것이 아니었다. 제자가 의문 나는 것에 대해 생각을 할 수 있도록 유도하여 그 자신이 스스로 깨우치는 방식으로 진행했던 것이다.

공자가 제자를 가르치는 방법 역시 스스로 알아내도록 이끌어주는 방식이었다.

> 공자 말씀하길 "분발하지 아니하면 열어주지 아니하며, 뜻은 있으나 말하지 아니하면 이끌어주지 아니하고, 한 모퉁이를 들어 가르치면 나머지 세 모퉁이를 스스로 깨닫지 아니하면 다시 일러주지 아니한다."
>
> _『논어』,「술이」편

이 글 가운데 '불계不啓'와 '불발不發'의 끝 글자 두 개로 만들어진 말이 계발啓發이다. 계발은 지능을 깨우쳐 열어준다는 뜻이다. 즉 스스로 깨우치게 하는 것이 교육의 방법이었다. 또한 '수인이교隨人異敎'라 하여 제자의 성품과 근기根氣, 지식의 정도 등을 헤아려 각자에게 맞춤형으로 가르쳤으니 말하자면 개인 교수법이었다.

효에 대해서도 제자들마다 다르게 설명하였다.

『논어』「위정爲政」편에는 제자들과 효에 대해 문답하는 내용이 나오는데, 제자의 품성이나 상황에 맞추어 맞춤형 답을 제공한다.

예를 들어 병약한 제자 맹무백에게는 '건강해지는 것이 부모의 걱정을 덜어주는 것이니 그것이 '효'라고 일렀다. 또 다른 제자 자유에게는 '봉양만 잘하는 것은 개나 말도 할 수 있는 일이며 진정한 효도란 존경하는 것'이라고 일렀으며, 자하에게는 '얼굴빛을 환하게 하는 것'이 효도라고 일렀다.

같은 질문을 하는 두 명의 제자에게 다른 대답을 하기도 했다. 두 제자가 상반된 기질을 가졌기 때문에 그들에게 맞춰 대답을 하였던 것이다. 한 예로 용기 있고 신의가 굳은 인물인데 성격이 급한 편이었던 제자 자로에게는 이렇게 말한다.

> 자로가 옳은 일을 보면 곧바로 실행해야 하는가 하고 묻자 공자는 "어버이와 형제가 있는데, 어찌 너 혼자서 결정하여 행한단 말이냐?"라고 답하였다. 이어 염구冉求가 같은 질문을 하자 공자는 그렇다고 대답하였다. 이를 들은 다른 제자가 그 연유를 묻자 공자는, 염구는 소극적으로 잘 나서지 않으니 나아가게 한 것이고, 자로는 나서기를 잘하니 물러서게 한 것이라고 대답하였다.
>
> _『논어』「선진」편

자식을 여럿 둔 어머니가 가장 골머리를 앓는 문제는 무엇일까. 성격도 능력도 각기 다른 아이들에게 어떻게 맞춤형 교육을 제공할 것인가, 하는 문제 아닐까? 500년 전 조선의 어머니 사임당도 오늘날 어머니들과 그런 면에서는 똑같은 고민을 했을 것이다.

사임당은 여러 자녀를 두면서 어떻게 하면 아이들이 공부에 관심을 가질 수 있으며, 성현 말씀이 머릿속에 쏙쏙 들어가게 가르칠 수 있을까 많은 고심을 했었을 것이다. 물론 책을 읽히는 것도 중요하지만 그보다는 더 효과적인 방법을 찾은 것이 공자의 교육 방법이었다. 그래서 재능과 성품이 각기 다른 7남매를 각각의 방식으로 가르쳤던 것이다.

또한 사임당은 야단을 치지 않는, 한없이 자애로운 어머니였던 것 같다. 아이를 키워본 어머니들은 누구나 공감하겠지만 일곱 아이를 키운다는 것은 쉬운 일이 아니다. 심지어 그 아이들을 교육하기란 더더욱 힘들다. 그러나 사임당은 한없는 인내심으로 아이들을 대했다. 율곡은 회상하기를 사임당이 아이들을 책망하는 일 없이 참된 마음으로 찬찬히 타일러서 스스로 깨우치도록 하였다고 한다.

한편 공자는 '배우기만 하고 그 뜻을 생각하지 않으면 어두워지고 생각만 하고 배우지 않는다면 위태롭다'고 했는데 이는 학습과 사색이 병행되어야 함을 의미한다.

사색은 깊이 생각하는 것인데 다른 말로 하면 궁리窮理와도 통하는 말이다. 궁리는 독서를 함으로써 가능한 것이니 학문을 하는 데 첫 걸음이 독서이다.

사임당이 당대 어느 사대부 못지않은 학식과 경륜을 갖추게 된 것도 옛 성현들의 덕행을 배우고 실천한 것도 독서를 통해서였다. 책을 읽음으로써 사색하고 궁리하여 실천에 옮길 수 있었던 것이다. 자신이 부모로부터 가르침을 받았듯이 사임당 또한 자녀들에게 책 읽기를 권했고, 어머니의 영향을 가장 많이 받은 율곡 역시 독서를 통해 이치를 깊이 연구하게 된다고 밝혔다.

강희언의 「사인휘호」(1740). 선
비들이 갖춰야 할 문·무·예의
모습을 담은 『사인삼경도첩』
이라는 그림첩 가운데 그림
그리는 장면을 묘사한 것이다.

독서의 중요성에 대해 『격몽요결』에서 이치를 연구하는 것은 책
을 읽는 것보다 먼저 할 것이 없다고 강조하였다.

배우는 자는 항상 이 마음을 보존하여 사물에게 이김을 당하지
않게 하고, 반드시 이치를 궁구하여 착함을 밝힌 뒤에야 마땅히
실천해야 할 도리가 분명하게 앞에 나타나게 되어서 진보할 수
있다. 그러므로 도道에 들어감은 이치를 깊이 연구하는 것보다
먼저 할 것이 없고, 이치를 연구함은 책을 읽는 것보다 먼저 할
것이 없으니, 성현들께서 마음을 쓴 자취와 선과 악 중에서 본받
고 경계해야 할 것이 모두 책에 쓰여 있기 때문이다.

강희언의 『사인삼경도첩』 가운데 「사인시음도」(1740). '사인시음'이란 선비들의 기량을 서로 교우하듯 겨루는 모임을 말한다.

율곡은 맨 먼저 읽을 책으로 『소학』을 꼽고 있다. 그 이유는 『소학』이 심오한 내용을 기록한 것이 아니라 인간으로서 사람 사는 도리를 몸에 익혀야 하는 실천 강령이기 때문이다. 『소학』은 조선의 선비들뿐 아니라 임금도 많이 읽었으며 수십 번에서 수백 번까지 읽는 경우가 예사였다.

…… 입으로만 읽고 마음에 체득하지 않고 몸으로 실행하지 않는다면 책은 책대로이고 나는 나대로일 것이니, 무슨 이로움이 있겠는가? …… 먼저 『소학』을 읽어, 어버이를 섬기고 형을 공경하며, 임금에게 충성하고 어른을 공경하며, 스승을 높이고 벗을 사귀는 도리에 대해 자세히 익혀서 힘써 실행해야 할 것이다.

또한 많은 책을 읽기보다는 한 권이라도 정독하여 그 뜻을 완전히 이해하기를 강조하였다. 다독보다 정독을 권한 것이다.

무릇 책을 읽을 때에는 반드시 한 책을 익숙히 읽어서 의미를 다 깨달아 꿰뚫어 통달하고 의심스러운 것이 없어진 뒤에야 비로소 다시 다른 책을 읽을 것이요, 많이 읽기를 탐내고 얻기를 힘써서 바삐 섭렵해서는 안 된다.

조선시대의 교육은 그 목표가 사람의 도리를 가르치고 나아가 경륜을 세상에 펼침으로써 사회에 공헌하는 인물을 키우는 데 있었다. 때문에 무엇보다도 실천을 강조하였던 것이며 사임당이 7남매를 가르치던 내용도 옛 성현들의 말씀과 다를 바 없었다. 단지 당대에는 보통 남자 아이들만 경전을 읽게 한 데 비해 사임당은 세 딸들에게도 똑같이 가르쳤다. 그것 또한 부모님의 영향을 받았기 때문이었다. 사임당의 교육목표나 교육방법은 오늘날의 자녀교육에 많은 시사점을 던져준다.

또한 사임당의 교육사상이 율곡에 이르러 집대성되어 『격몽요결』을 짓게 되니 후대에 교육의 중요한 교재가 되었고 많은 영향을 끼쳤던 것이다.

사임당의 자녀교육법은 교육의 일차적 장소는 가정이고 첫 번째 스승은 부모라는 사실을 온몸으로 일깨워주고 있다. 자식에게 부모라는 존재는 살아 있는 교과서인 셈이다. 따라서 훌륭한 자녀로 키우기 위해서는 부모로서 무엇을 어떻게 보여줄 것인가라는 실천에 있다는 과제를 오늘을 사는 우리들에게 던져주고 있다.

한편 사임당은 한 사람의 개인으로서, 일곱 아이의 어머니로서 부끄럽지 않을 군자의 길을 추구했는데 그 방편으로 시서화에도 몰두했다. 일곱 살 때 고사리손으로 안견의 그림을 모방하여 어른들을 놀라게 했던 이 희대의 재능 있는 여성에게 조선의 시서화란 무엇이었으며, 그녀가 표현하고자 했던 내면은 무엇이었을까?

5장.

청출어람, 청어람

개성적인 서체와 화풍을 추구한 사임당과 그의 자손들

따뜻한 햇살이 담장을 간지럽혔다. 이는 햇살이 눈부셔 눈을 가늘게 떴다.

반쯤 감은 눈 한 귀퉁이에 술병과 잔이 든 소반을 받쳐든 우의 모습이 잡혔다.

"형님, 햇살이 이리 좋으니 한 잔 하십시다."

어머니가 돌아가셨을 때 우의 모습이 떠올랐다.

자신이 열여섯이었으니 막내 우는 소년 티도 채 나지 않은 11살이었다.

갑작스런 어머니의 죽음 앞에 울음을 참으려 입술을 깨물던 어린 아우의 모습은

20년도 더 지난 지금까지 이의 머릿속에서 떠나지 않는다.

그러나 저토록 늠름하게 자랐고, 이처럼 햇살 좋은 날 오후에

자신과 술잔을 주고받으며 시와 거문고를 벗 삼게 되지 않았는가.

이는 흐뭇한 마음으로 우가 내미는 소반을 받아들었다.

벼슬을 버리고 해주에 둥지를 튼 것에 대해서는 티끌만큼의 후회도 없었다.

사랑하는 아우와 친지들과 오순도순 살면서

한가로이 시를 짓고 아우의 웅혼한 거문고 소리를 들으며 여생을 보내리라.

"우야, 네가 뜯는 거문고 소리를 듣고 싶구나."

술잔을 들며 이가 말했다.

사임당의 초충도,
그리고 나비의 비밀

율곡 이이는 '풀과 나무와 새와 짐승들에도 각각 합당한 법칙이
있다'라는 격물치지론格物致知論을 펼쳤는데 풀벌레에 대한 관심은
어머니 사임당의 영향을 받은 것이라고 한다.

초충도의 기원은 중국의 화조화라고 하며 조선시대 여성들의
수본繡本으로 많이 그려졌다. 초충도란 한 화면에 화초, 들풀, 벌
레, 곤충을 함께 그린 채색화 또는 수묵화를 말한다. 현재 국립중
앙박물관에는 10첩 병풍으로 꾸며진 사임당의 초충도가 소장되어
있다. 그림은 여덟 폭이며 나머지 두 폭은 18세기의 문인인 신경과
한국 서화사에 업적을 남긴 오세창의 발문이다.

신경의 발문에서는 사임당이 경전에 통하고 글씨를 잘 쓰며 바

느질과 수예에 솜씨가 있고 산수와 풀벌레를 그리되 모두 극히 정묘하여 병풍과 족자가 세상에 많이 전해진다고 설명하고 있다.

봄바람 그윽하다 붓 아래로 불어들어

찍어놓은 한 점 한 점 하늘 조화 뺏었구나

생각건대 고이 앉아 종이 위에 붓 번질제

그림이나 그리고자 한 짓은 아니었고

옛날 문왕 어머님이 시를 지어 읊은 것을

본떠서 그려내니 소리 없는 시로구나

지금껏 전해내려 어느덧 이백년을

먹빛은 바랬건만 정신은 그대로구나

오세창[31]은 신경의 발문을 토대로 이 병풍이 사임당의 솜씨이며 그녀가 수를 놓기 위한 밑그림으로 그렸을 것이라고 추측했다. 오늘날 초충도 병풍이 사임당의 작품으로 알려진 것은 두 사람의 발문 덕분이다. 사임당의 초충도는 단순한 주제로 산뜻한 표현, 간결한 구도, 섬세하고 여성적인 묘사력 등 한국적 품위를 지닌 색채 감각 등이 특징이다.

31   오세창(吳世昌, 1864~1953)은 조선말기와 대한제국의 문신, 정치인이자 계몽운동가이자 일제 강점기 한국의 언론인, 독립운동가, 대한민국의 정치인, 서화가이다. 조선말기에는 개화파 정치인이었고, 3·1운동 민족대표 33인 중의 한 사람이다. 한국의 역대 왕조의 서화가 인명사전인『근역서화징槿域書畵徵』(1928)의 저자이다.

사임당의 초충도 8폭 병풍 중 1폭 「가지와 방아깨비」

초충도에 등장하는 소재들은 대상 자체보다 상징적 의미가 중요하다고 볼 수 있다. 자연과 조화를 이루며 사는 것을 이상적으로 여겼던 동양에서는 식물이나 동물, 곤충을 인간과 상생하는 생명체로 여겼기 때문에 그들에게도 상징성을 부여하였다. 그래서 그림의 화제畵題로 삼아 그려서 서재에 걸어놓기도 하였는데 이는 자신들의 소원이나 바람을 이루기 위한 일종의 부적符籍 같은 것이었다.

그렇다면 사임당의 초충도 8폭 병풍에 나타난 풀과 꽃, 벌레, 곤충 등이 상징하는 것은 무엇이며 어떤 의미가 담겨 있을까?

제1폭 「가지와 방아깨비」에는 가지, 방아깨비, 개미, 나방, 벌, 무당벌레, 쇠뜨기, 산딸기 등이 등장한다. 땅 위에 개미 한 쌍과 방아깨비가 기어 다니고, 위쪽에는 나비, 벌, 나방이 날고 있다. 자연 생태계에서 흔히 볼 수 있는 모습이다. 개미는 덕행德行과 순종을 상징한다고 전해진다. 근면 성실의 뜻도 있다. 가지는 한문으로 가자嘉子를 소리대로 가자加子로 읽어 자식을 더 낳으라는 뜻이고, 방아깨비는 한 번에 알을 100개 정도 낳기 때문에 다산을 상징한다.

나비는 예로부터 즐거움, 기쁨, 자유를 뜻하기도 하지만 나비 접蝶 자가 80세를 뜻하는 질耋과 중국식 한자음이 같기 때문에 80세 또는 장수를 의미하기도 한다. 혼수품이나 베갯모, 매듭 등에 쓰인 나비 장식은 부부의 금슬이 좋기를 기원하는 것이다. 그리고 자손 번성의 기쁨 또는 장수의 기쁨을 의미하는 것으로 알려져 있다.

쇠뜨기는 뽑으면 뿌리가 뽑히지 않고 마디가 끊어져 땅속 뿌리에서 새 잎이 돋는 생명력이 강한 풀이다. 강인한 생명력을 뜻하는 것이다.

2폭 「수박과 들쥐」.

무당벌레는 갑충甲蟲인데 갑옷을 갑제甲第라고 하니 갑제는 급제와 뜻이 같으므로 장원급제를 비는 뜻으로 썼고, 등에 7개의 점이 있으니 북두칠성을 의미하여 태산북두처럼 뛰어난 존재가 되라는 것이다.

이 그림은 내용이 의미하는 대로 아주 다양한 복록을 기원하였기 때문에 수많은 여성들이 이 그림을 본떠 시집 가기 전에 자수로 만들 혼수품목 1호로 치던 그림이었다.

산딸기는 정력에 좋다고 알려져 있듯이 다산을 뜻한다고 보아야 할 것이다.

제2폭 「수박과 들쥐」에는 수박, 들쥐, 패랭이꽃, 나비, 나방 등이 등장하는데, 수박을 파먹는 들쥐 두 마리의 모습이 흥미롭다. 수박과 쥐는 다산을 뜻하기도 한다.

제3폭 「어숭이와 개구리」는 공간을 나는 나비, 원추리꽃 줄기에 붙은 매미, 뛰어 오르려는 개구리로 구성되어 있다. 원추리는 근심을 잊고 답답함을 푼다는 의미를 지니고 있다고 한다. 매미는 다섯 가지 덕목[32]이 있다고 하여 동양의 선비들은 군자의 상징으로 여겼다. 이러한 덕목을 잊지 않도록 하기 위해 신하의 관모에 매미 날개를 붙였다고 한다.

---

32 매미의 다섯 가지 덕목은 다음과 같다. 첫째, 매미의 곧게 뻗은 입의 형태는 선비의 갓끈과 같다 하여 학문이 있다고 보았다. 둘째, 이슬을 먹고 산다 하여 청렴함을 상징한다(실제는 이슬을 먹지 않음). 셋째, 계절에 맞추어 순응하니 신의가 있음을 의미한다. 넷째, 사람이 가꾼 채소를 해치지 않으니 염치가 있다. 다섯째, 특별히 집을 갖지 않고 나무그늘에 산다 하여 검소하다고 보았다.

3폭「어숭이와 개구리」

제4폭 「산차조기와 사마귀」에는 여뀌, 메꽃, 잠자리, 벌, 사마귀 등이 등장하고 있다. 잠자리는 여뀌 주위를 날고 있고, 사마귀는 땅을 기면서 벌을 노리고 있다.

사마귀는 민화나 다른 그림에서는 찾아보기 힘든 소재이지만 초충도에서는 자주 등장한다. 아내와 자식을 위해 교미 후 목숨을 희생하는 사마귀는 부성애를 상징하기도 하지만 다른 한편으론 탐욕을 뜻하기도 한다. 벌을 성실하고 충성스런 신하로 본다면 사마귀는 탐욕스런 관리를 빗댄 것일지도 모른다.

제5폭 「맨드라미와 쇠똥벌레」에는 맨드라미, 산국화, 나비, 쇠똥벌레 등이 등장한다. 쇠똥벌레 세 마리가 일에 열중하고 있는 모습이 보이고, 나비는 맨드라미 주변을 무리지어 날아다닌다. 맨드라미는 꽃 모양이 수탉의 붉은 벼슬과 같다고 하여 계관화鷄冠花라고도 부르는데, 닭은 조선시대 학문과 벼슬에 뜻을 둔 선비들에게 입신양명의 상징이었다.

제6폭 「원추리와 개구리」에는 어숭이꽃, 도라지, 나비, 벌, 잠자리, 개구리, 메뚜기가 등장하고 있다. 나비와 잠자리는 어숭이꽃과 도라지꽃 주위를 맴돌고 있고, 개구리는 땅에 기는 메뚜기보다 허공을 나는 나비에 관심을 보이고 있다. 잠자리와 메뚜기는 자손이 크게 번성함을 뜻한다.

제7폭 「양귀비와 도마뱀」에는 양귀비, 패랭이꽃, 달개비, 도마뱀, 갑충 등이 등장한다. 도마뱀은 뱀이나 용과 거의 동일한 상징적 의미를 가지며, 지혜, 예언, 길흉의 판단을 의미하는 동물로 알려져 있다.

4폭 「산차조기와 사마귀」

갑충甲蟲은 앞서도 말했듯이 과거급제를 뜻한다고 볼 수 있다. 양귀비는 열매가 항아리같이 생기고 그 속에 좁쌀 같은 씨가 많이 들어 있어서 다산을 뜻한다.

제8폭 「오이와 개구리」에는 개구리, 땅강아지, 벌, 오이, 강아지풀 등이 그려져 있다. 오이는 쑥쑥 크고 덩굴이 퍼지듯 자손이 번창하라는 뜻을 담고 있다.

땅강아지는 한자로 누고螻蛄다. 땅강아지는 날고 타고 오르고 건너가고 땅을 파고 달려가는 다섯 가지 재주가 있다. 그런데 어느 것 하나 제대로 하는 것이 없다. 그래서 이 말은 재능은 많지만 아직 미숙한 상태를 비유하는 말로 쓰인다.

개구리는 어린 올챙이가 성장한 것을 의미하는 것으로 변화와 성장을 상징한다고 볼 수 있다. 또 개구리는 한꺼번에 많은 알을 낳으므로 다산의 의미도 있다.

벌은 부지런함과 검약을 뜻하는데 사대부는 꿀벌을 신의와 의리의 곤충으로 극찬했다. 특히 왕에게 모든 걸 바치는 신하의 충절을 지녔다고 여겼다.

그런데 사임당의 8폭 병풍에 등장하는 동물 중 가장 많이 보이는 것이 나비다. 여기에 어떤 의미가 숨겨져 있는 것은 아닐까?

나비는 앞서 설명한 장수의 기쁨, 자손번성의 기쁨 외에 또 다른 의미가 있다. 『장자』의 「제물론齊物論」에는 '호접지몽胡蝶之夢' 이야기가 나온다. 장자가 꿈에서 나비가 되어 훨훨 날아다녔는데 깨어보니 자신이 나비였는지 나비가 자신이었는지 알지 못하겠다는 내용이다. 이처럼 모든 만물이 하나라고 보는 제물론齊物論의 관점에서

5폭 「맨드라미와 쇠똥벌레」

는 선과 악, 미와 추, 나와 너 등의 차별은 무의미하며 모든 사물을 차별하지 않는다.

사임당이 8폭 병풍 그림 중 5폭에 나비를 그려 넣은 것은 이러한 장자의 「제물론」이 무의식적으로 표현된 것인지도 모른다. 또 한편으로 나비는 부부 금슬을 상징하기 때문에 남편으로 인해 평생 가슴앓이를 한 그녀의 입장에서는 나비를 통해 자신의 욕망을 표현하고 싶었던 것으로 읽혀진다.

그리고 애벌레에서 번데기로 변하였다가 화려한 나비가 되는 것처럼 자신도 그렇게 장자의 꿈처럼 나비가 되어 자유를 느끼며 날갯짓하고 싶었던 것은 아닐까? 이는 또한 자신이 남자로 태어났더라면 하는 비원悲願을 담은 것인지도 모른다.

사임당이 즐겨 그린 초충도의 종류는 고려청자 등의 문양에 등장하다 화폭에 옮겨지기는 조선초기 강희안으로부터인데 이때 이미 가지, 참외, 수박 등을 그렸다는 기록이 보이나 작품은 전하지 않는다. 그래서 조선 사대부 문인 화가를 통틀어 초충도는 사임당을 제일로 꼽는다고 한다.

한편 사임당은 초충도를 그리는 데 있어 자연의 본성을 파악하고 그것에 맞춰 충실하게 묘사하였다. 대상의 묘사도 일정한 틀에 얽매이지 않고 사실적이며 생동감있게 표현하여 소박한 아름다움을 표현하였다.

안휘준의 설명에 따르면 초충도에서 보여주는 색채는 우리의 전통적인 색감과 일치한다고 한다. 그다지 화려하지도 않으면서 우아하고, 온화한 색채 감각이라는 것이다. 초충도에 나타난 색채의 아

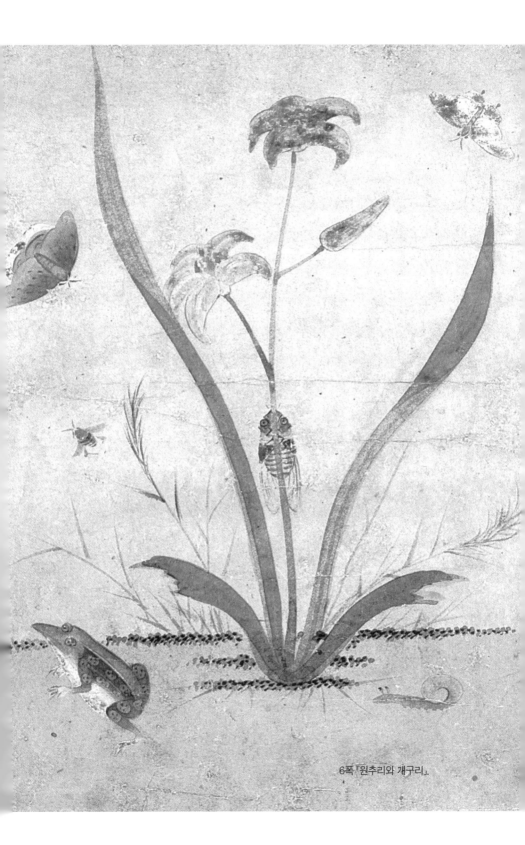

6폭 「원추리와 개구리」.

름다움은 색동이나 노리개 등의 장신구에서 볼 수 있는 것과 동일한 것이다.

사임당의 초충도에 나타난 선線의 특징은 여성스런 필치로 한국적 아름다움을 나타내고 있다는 평을 듣는다. 한편 풀 한 포기, 벌레 한 마리에 이르기까지 여성의 눈으로 자세히 관찰하였다는 것은 그만큼 세상을 보는 눈이 깊었다고 볼 수 있다. 그녀는 풀과 꽃, 기어 다니는 벌레, 날아 다니는 동물 등이 한 공간에서 살아가는 모습을 보면서 사람이 사는 것도 그 공간 안의 존재들과 다를 바 없다고 여겼는지도 모른다.

그래서 그 소재를 도마뱀, 사마귀, 개미 등 미물들에서 찾고 그들의 생태와 관련된 상징을 담아 그렸다고 본다.

말하자면 사임당의 초충도에는 자연에 순응하며 살아가는 정신과 생명을 존중하는 가치관이 배어 있는 것으로 해석할 수 있으며, 이러한 가치관은 다름아닌 공자와 맹자의 가르침인 인仁에서 출발한다. 『맹자』에 의하면 인은 사람다움의 본질이며 사람이 추구해야 할 길이다. 이러한 인의 마음이 초충도라는 그림을 통해 표현된 것이다.

한국 미술에 나타난 한국인의 미의식 중 보편적으로 언급되는 것은 자연미라고 할 수 있다. 자연미는 소박하고 단순한 아름다움과 통한다. 이런 소박한 아름다움이 초충도에 잘 표현되었다고 보는 것이 일반적인 견해이다. 이는 사임당이 추구하는 내면의 아름다움이 그대로 드러난 것이라고 할 수 있다.

7폭 「양귀비와 도마뱀」.

사임당은 16세기 당시에 산수화와 포도화로 유명하였는데 산수화는 현재 전해지는 것이 두 점뿐이고 포도화는 여러 점이 있으며 다른 소재의 그림들이 현존하고 있다. 세상에 널리 알려진 포도화에 관한 일화는 다음과 같다.

사임당이 어느 날 잔칫집에 초대받아 갔는데 어느 부인이 입고 온 비단치마에 물이 튀어 얼룩이 져서 크게 걱정을 하였는데 그 까닭은 가난한 형편에 입고 올 옷이 없어 다른 사람에게 빌려 입었기 때문이었다.

그때 사임당이 옷을 벗어달라고 하여 그 치마에 그림을 그리기 시작했다. 그러자 치마의 얼룩자국들이 탐스러운 포도송이가 되기도 하고 싱싱한 잎사귀가 되기도 하여 보고 있던 사람들이 모두 놀랐다. 그림이 완성되자 사임당이 시장에 갖고 가서 팔면 새 치마를 살 돈이 될 것이라 했다. 사임당의 그림 솜씨는 이미 알려져 있는 터라 치마를 사겠다는 사람이 많았다.

그 부인은 사임당이 그린 얼룩치마를 팔자 비싼 비단치마의 몇 배나 되는 돈을 받았다. 그리고 새 비단치마를 사서 주인에게 돌려주고 남은 돈을 사임당에게 가지고 왔지만 살림에 보태라면서 끝내 받지 않았다.

8폭 「오이와 개구리」.

「노련도」. 연밥과 백로 두 마리가 그
려져 있고 개구리밥이 떠다니고 있
는데 백로 두 마리는 부부를 상징하
고 백년해로 하라는 의미를 담고 있
으며 개구리밥은 다산을 의미한다.

이 일화는 사임당의 포도화가 얼마나 뛰어났는지를 알려주는
한편 그녀의 따뜻하고 올곧은 성품을 보여준다.

한편 서울대박물관이 소장한 사임당의 그림 중 「노련도鷺蓮圖」에
는 연밥 그림과 백로 두 마리가 그려져 있다. 여기에 개구리밥이
떠다니고 있는데 백로 두 마리는 부부를 상징하고 백년해로 하라
는 의미를 담고 있다. 개구리밥도 다산을 의미한다.

연꽃은 진흙 속에서 꽃을 피우기 때문에 불교에서는 무명無明 속
에서 깨달음을 성취하여 항상 밝은 본성을 간직한다는 것을 나타
낸다. 또 연꽃의 씨는 심으면 천 년이 지나도 꽃을 피운다고 해서
불생불멸을 상징하기도 한다.

송나라의 주돈이(周敦頤, 1017~1073)는 진흙탕에서 자라지만 그것에
더럽혀지지 않는 연꽃의 모습을 칭송하여 "꽃 가운데 군자花之君子者

「할미새」. 물가에 앉은 움직임이 생동감있게 그려진 이 그림은 사임당이 후손들이 서로 화목하게 지내기를 바라며 그린 듯하다.

也"라고 하였다.

　민화에서는 생명력과 번식력, 자손번창의 상징물로 그려졌는데 꽃과 열매가 동시에 생장하는 연꽃의 특성 때문이다. 그리고 연밥은 다산을 의미하며 백로는 청빈한 선비의 인격을 뜻한다고 볼 수 있다.

　특히 백로와 연꽃을 그리는 일로연과도一路連科圖는 한 번에 소과小科 대과大科에 연달아 급제하길 기원하는 의미에서 그리는 것이라고 한다. 일로一鷺는 일로一路와 발음이 같고, 연밥, 즉 연과蓮顆는 연과連科와 발음이 같기 때문이다.

　한편 「할미새」는 사임당이 후손들이 서로 화목하게 지내기를 바라며 그린 그림인 듯하다. 그런 어머니의 뜻을 받들어 율곡은 훗날 형제와 친척 100여 명이 모여 살았다.

할미새는 척령鶺鴒[33]을 뜻하는데 조선시대에 형제의 우의友誼를 설명하는 말로 자주 인용되었다. 할미새는 몸길이 15~20센티미터쯤 되는 작은 새이지만 사람이나 짐승이 잡으러 다가가면 높이 날아오르면서 울고, 다닐 때에도 몸을 흔들어 다른 새들에게 위험한 상황이 오고 있음을 알려준다. 그러므로 고대 중국인들은 이 새가 가족, 그중에서도 형제의 어려움을 몸으로 알리는 충정이 있는 것으로 여겼다.

사임당의 그림 중 눈에 띄는 작품은 「물소」다. 유교에서 소는 의義를 상징한다. 『삼강행실도』 의우도義牛圖에는 호랑이와 싸운 후 주인을 구하고 죽은 소 이야기가 실려 있다. 도교에서는 소를 무위자연無爲自然의 상징으로 보며 불교에서는 깨달음의 과정을 소를 찾는 과정으로 상징화한 '심우도尋牛圖'가 있다.

사임당의 교육철학 중 중요하게 강조한 대목이 의義였다는 사실과 연관하여 생각하면 물소를 그린 뜻을 이해할 수 있다.

사임당의 또 다른 작품 「물새」에 등장하는 물새는 불교에서 무애无涯, 해탈解脫을 상징하여 거리낌이 없어지는 경지와 번뇌의 불길이 다하는 것을 뜻한다.

사임당은 남편이 불경을 가까이 두고 늘 읽었기 때문에 불교에 대한 지식도 어느 정도 가졌던 것으로 짐작된다. 사임당이 죽은

33 『시경』 「녹명지십鹿鳴之什」 제4편에 척령재원鶺鴒在原이란 것이 나오는데, 여기서의 척령鶺鴒이 곧 척령鶺鴒이다. '할미새가 들에 있다는 것이 곧 형제에게 아주 급한 어려움이 닥쳤다는 뜻인데, 이럴 때에 형제 아니면 누가 구해줄 것인가?'라는 뜻이다.

사임당의 「물소」(왼쪽)와 「물새」(오른쪽).

후 율곡이 금강산에 들어가 승려 생활을 한 것도 그런 영향 때문이었다고 전해진다.

사임당의 초충도를 보면 자손의 번창과 생명력, 그리고 의리와 충절을 상징하는 화초와 곤충들이 대부분이다. 그중에서도 빠지지 않는 것이 부부의 금슬을 상징하는 것인데 「쌍금도雙禽圖」가 그 한 예이다.

또한 사임당의 그림 소재 중 많이 등장한 곤충은 나비와 잠자리이다. 물론 나비와 잠자리가 흔히 볼 수 있는 곤충이기는 하지만

「쌍금도雙禽圖」.

유난히 자주 그렸던 것은 까닭이 있는 것으로 보인다.

부부 금슬과 번식을 상징하는 나비와 잠자리는 그녀의 무의식에 깊이 자리하고 있었는지도 모른다. 그리고 또 다른 해석을 하자면 나비와 잠자리는 자유롭게 날아다니므로 그런 자유와 비상飛翔에 대한 투영이었을 것이다.

사임당은 혼인을 하여 7남매를 낳았지만 남편과 떨어져 지낸 시간도 꽤 있었고 남편의 외도로 평생 가슴이 바위에 짓눌린 것처럼 고통을 안고 살았던 여성이었다. 그녀는 친가와 외가가 모두 쟁쟁한 집안으로 선비의 가풍을 이어받은 속에서 성장하였고 타고난 재능도 뛰어나 학문과 예술, 덕행 등 어디 하나 빠질 데 없이 고루 갖춘 여중군자였다.

그런데 그녀는 타고난 성품이 따뜻하고 부드러운 사람이었지만 기질적으로는 열정적이고 희로애락에 예민한 예술가였고 감성이 풍부하면서 섬세한 성격의 여성이었다. 그렇기 때문에 남편으로부터 받은 상처와 고통은 이루 말할 수 없었을 것이다. 그러나 사임당은 자신의 고통스런 현실을 서화書畵를 통해 예술로 승화시키며 '무소의 뿔'처럼 묵묵히 자신의 길을 걸어갔던 것이다.

사임당이 한 인간으로서 살다 간 인생은 사막을 건너가는 낙타 같은 구도자求道者의 길이었고 여성으로서의 삶은 가을 서리 속에서 꽃을 피우는 국화와도 같았다.

조선시대처럼 여성의 사회적 활동이 금지된 사회에서 가정은 여성에게 일종의 감옥같이 느껴질 수도 있었다. 특히 학문이 뛰어난 조선의 여성 지식인들은 자신들의 능력을 펼칠 수 없는 것을 한스럽게 여겼다.

허난설헌, 임윤지당, 사주당 이씨, 빙허각 이씨, 김금원 등의 글에 공통적으로 드러나는 대목이다. 사임당의 글에는 직설적으로 그런 부분이 드러나지는 않으나 서예나 초충도를 보면 그녀 역시 남자로 태어나지 못한 것을 안타까워하는 심정이 느껴진다. 사임당의 그림에 나타나는 나비와 잠자리는 그런 내면의 반영으로 읽힌다.

조선초기의 서예와
사임당의 서체

"시 속에 그림 있고, 그림 속에 시가 있다."

「적벽부」로 유명한 송나라 최고의 시인 소식(蘇軾, 1036~1101)의 말은 조선시대 사대부에게도 그대로 적용되었다. 시를 짓고 붓글씨를 쓰며 그림을 그리는 것, 즉 시서화詩書畵는 조선의 사대부들에게 필수 교양과목이었으며 그들은 시서화 활동을 통합적인 인격수양의 방편으로 삼았다.

시서화를 흔히 삼절三絶이라 불렀다. 이는 중국의 '시서화 일치론'에서 나왔는데 글씨와 그림이 다 같이 붓을 사용하므로 글씨와 그림의 필법이 근본적으로 같다고 본 것이다. 그러므로 시서화 삼절은 문인화의 이상이었으며 도덕적 인격수양이 예술로 나타난 것으로 인식되었다.

조선초기 서예는 고려말에 유입된 송설체[34]가 성행하였는데, 이를 가장 잘 쓴 사람은 세종대왕의 셋째 아들인 안평대군으로 알려져 있다. 시서화에 모두 능했던 안평대군은 송설체를 쓰면서도 자신의 개성을 충분히 발휘하여 독자성을 나타낸 것으로 평가받는

34 송설체松雪體는 조맹부(趙孟頫, 1254~1322)의 서체로 왕희지의 글씨를 바탕으로 필법
    이 굳세고 결구가 정밀하면서도 유려한 서체를 말하며 그의 서실書室이 송설松雪이라
    는 데서 유래하였다.

안평대군의 「몽유도원도 발문」.

다. 안견의 「몽유도원」에 쓴 발문이 대표작이다.

당나라 태종은 과거급제한 인물을 바로 등용하지 않고 신언서판身言書判의 네 가지 기준으로 관리를 뽑았다. 신언서판에서 신身은 외모, 즉 신체에서 풍기는 몸가짐을 뜻하고 언言은 언변을 뜻한다. 서書는 글씨다. 관리를 등용하는 기준에 글씨가 들어갈 정도로 글씨쓰기를 중시한 것이다. 글씨는 곧 자신의 인격을 나타내기 때문이다. 판判은 판단력이다.

서성書聖인 왕희지[35]도 "서예는 심오한 기예이다. 학식에 통달한 사람이거나 지사志士가 아니면 배워도 미칠 수 없다."고 언급한 바

35   왕희지(王羲之, 307~365)는 중국 동진시대의 서예가로 중국 역사 중에서도 글씨 잘 쓰
     는 것으로는 고금 으뜸으로 꼽힌 사람이다. 해서·행서·초서의 각 서체를 완성함으로써
     서예를 단순히 글씨를 쓰는 것이 아니라 예술의 영역으로 끌어올린 것으로 평가받는다.

있다. '글씨가 곧 사람'이라는 관점에서 서예는 도덕적 인격완성과 높은 학식을 중시한다.

사임당의 서화書畵를 보면 경전과 고전에 대한 해박한 지식을 바탕으로 자신이 일상 속에서 겪었던 경험을 화폭에 담았다는 것을 알 수 있다. 그녀는 자신이 평생 추구했던 군자의 덕을 실천하고자 했으며 서화는 그러한 내면을 표현하는 수단이었다.

사임당의 작품들이 전체적으로 꾸밈이 없고 소박하며 고상하고 우아한 아름다움을 나타내고 있는 것은 성리학의 심성수양을 통한 결과일 것이다.

조선의 선비들은 서화를 인격 수양의 도구로 여겼다. 따라서 그들은 학문적 소양을 쌓으면서 그것을 내면화시키기 위해 시를 짓고 글씨를 쓰며 그림을 그렸다.

추사 김정희(金正喜, 1786~1856)가 "가슴속에 만 권의 책이 들어 있어야 그것이 흘러 넘쳐서 그림과 글씨가 된다."라고 한 뜻도 이런 맥락에서 살펴볼 수 있다.

선비들은 시詩, 서書, 화畵를 중하게 여겼지만 기능적인 재주보다는 인격을 수양하는 것으로 그림을 그리고 글씨를 써야 한다는 논리를 펼쳤던 것이다. 그래서 그림을 감상할 때도 그림의 겉모습보다는 그 속에 깃든 작가의 내면세계를 살피려 했다.

그런 의미에서 사임당의 작품은 한마디로 '문자향 서권기'라 할 수 있다. '문자향 서권기'는 책을 많이 읽고 교양을 쌓으면 몸에서 책의 기운이 풍기고 문자의 향기가 난다는 뜻이다.

사임당이 시서화에 뛰어난 재능을 발휘한 데에는 집안 내력도

오세창이 쓴 '문자향 서권기'.

작용한 것으로 보인다. 사임당의 모친 이씨 부인의 외조부는 강릉 최씨 집안의 최응현인데, 최응현의 손자가 최수성이었다(63쪽 계보도 참조). 그러니까 최수성은 사임당의 어머니 이씨 부인의 고종사촌이 된다. 사임당보다 13살 위인 최수성은 김굉필의 문인으로 조광조 와 동문이기도 했다.

최수성은 학식과 덕행이 뛰어나고 성품이 강직하였는데 남곤(南 袞, 1471~1527)의 무고로 35세에 처형되었다. 사임당의 아버지 신명화 와 인척이기도 하지만 강직한 성품이나 학문을 좋아하는 성향이 서로 통했기 때문에 가깝게 지냈던 것으로 보인다.

사임당이 그림은 안견을 모방했다고 하는데 서예는 누구의 영향 을 받았는지 기록이 없다. 다만 최수성이 왕희지 서체를 잘 썼다는 사실로 미루어 사임당이 그의 영향을 받았을 가능성이 많지 않을까 짐작할 뿐이다. 또한 사임당의 아버지가 최수성에게 서책과 교본 등을 부탁하며 여러 조언을 구했을 가능성도 있다.

사임당이 살았던 시대에는 명대의 초서풍이 조선에 들어와 신잠, 김인후, 황기로, 양사언 등이 명필로 이름을 날렸다. 황기로는 사임당의 막내아들인 옥산 이우의 장인이기도 하다.

당대의 초서들과는 다른 격조를 느끼게 하는 서체를 쓴 사람은 사임당이었다. 그리고 큰딸 매창과 막내아들 이우, 이우의 딸 벽오부인 이씨 3대에 걸쳐 화풍을 형성하였고 훗날 한석봉에게도 영향을 미쳤다.

사임당의 서체는 당대 유행하던 왕희지의 영향을 받은 것으로 본다. 서체는 보통 전서[36], 예서, 해서[37], 행서[38], 초서[39]의 5가지를 꼽는다. 사임당의 작품으로는 전서 7자, 해행서 한 점, 초서 병풍 6

---

36 전서篆書는 예서隸書와 함께 진한시대까지 널리 사용된 서체로서 고문으로 거북의 등에 점을 치기 위한 갑골문이 이에 해당한다. 중후하고 안정감을 주는 글자체이다. 비석의 머리 부분에는 통상적으로 전서를 사용했다.

37 해서는 여러 서체 가운데 가장 후대까지 정리된 서체로 한나라 말에 발생하기 시작하여 위진남북조시대를 거치면서 발달하였고, 수나라를 거쳐 당나라 초기에 들어와 완비되었다. 옆으로 납작한 형태에서 정방형으로 변화하였다.

38 행서는 예서를 조금 흘려 쓴 듯한 서체로 예술적인 모양을 띠고 있으며 옛날 기법의 핵심으로 중요시되었다.

39 초서는 여러 서체의 변화 과정 속에서 두 글자 이상을 연결시키는 방법이 진전되는 등 점획의 연결과 운필의 흐름을 중시하는 서체이다.

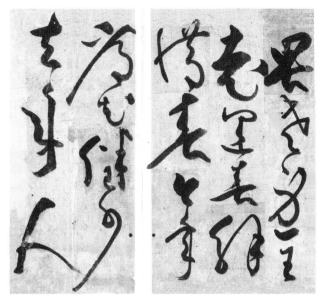

조선시대 초서의 1인자로 불렸던 황기로의 초서.

폭, 초서 한 점이 전한다.

사임당이 전서를 썼다는 것은 문자학 지식이 그만큼 깊었음을 방증한다. 사임당의 전서는 점과 획에도 맑고 우아한 기운이 풍겨 나온다는 평을 듣고 있다.

사임당의 해행서는 한 점만이 남아 있는데 해서를 위주로 쓰면서 행서의 느낌을 주기 때문에 해행서로 본다. 왕희지의 서체와 옛날 규범에 충실한 사임당의 해행서는 단아하고 절제된 가운데 미적 조화를 추구한 것으로 평가된다.

사임당의 초서 병풍은 당나라 시인들의 오언절구를 6폭으로 쓴 것이다. 사임당의 초서는 필획이 연결되고 끊어지지 않아 자연스럽고 필체가 탄력적이며 연속성이 있다고 한다. 현대 서예가들은 사임당의 서예에 대해 "송설풍의 단아한 풍모", "명인의 풍이 있다"고 평가한다.

1869년에 강릉부사 윤종의(尹宗儀, 1805~1886)는 「초서 당시 오절 6수」를 모방하여 판목으로 찍었는데 사임당의 서예가 널리 알려진 계기가 되었다. 판본 뒤쪽에는 윤종의의 발문이 새겨져 있다.

> 이 글씨는 심획心劃 사이가 그윽하고 한가롭고 곧으며 맑아 부인이 태임의 덕을 스승으로 삼았음을 더욱 우러르게 한다. 아! 연옹(김창흡)의 시에 "이런 어머니기에 참으로 이런 아들을 낳을 수 있었으리."라는 것은 실로 존경하여 우러러 보며 찬탄하는 말이니. 사람에게 어찌 어머니가 없겠는가. 선생께서 입신양명하여 부모를 드높이는 효와 같지 않음이 부끄러울 따름이다.

윤종의가 사임당의 글씨를 보며 대학자인 율곡의 어머니라는 점을 강조한 것은 경전과 예학에 밝았던 그의 입장에서는 자연스러운 일이다. 그러나 그가 사임당의 글씨에서 주나라 문왕의 어머니 태임의 덕을 거론한 것은 사임당의 인품이 서체를 통해 드러났기 때문이었다.

사임당의 초서 6폭 병풍은 그녀가 사후 460여 년 동안 진면목은 묻힌 채 시대적 상황에 따라 평가가 왜곡되고 미화되면서 박제되었듯이 파란만장한 경로로 오늘날에 전한다.

이 병풍은 사임당이 세상을 뜬 후 넷째 여동생의 아들 권처균의 소유였다가 그의 딸이 최대해崔大海와 혼인하여 최씨 집안의 가

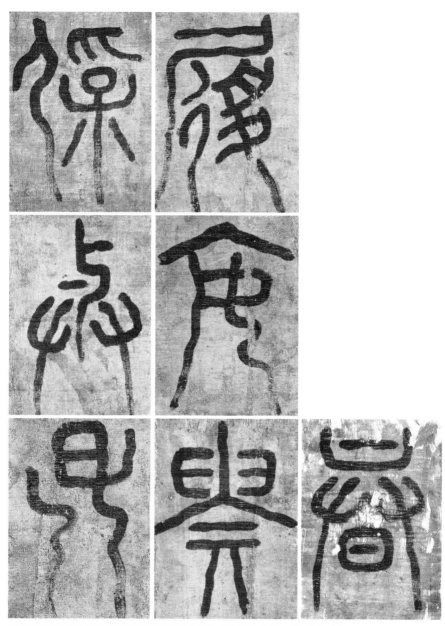

사임당의 전서 일곱 글자. 왼쪽 맨 위부터 보保, 리履, 여與, 안安, 흔昕, 귀貴, 춘春이다.

보로 소장하였다. 한때는 이웃 고을 사람의 꼬임에 빠져 빼앗겼던 것을 강릉부사로 왔던 이형규(李亨逵, 1733~1789)가 정밀하게 판각하여 보관하였다. 그런데 그해에 글씨를 보관하던 최씨 집에 큰 화재가 나서 불에 타 사라질 뻔했는데, 80세 고령인 최씨의 부인이 불 속으로 들어가 6폭 병풍만 끌어내고 다시 율곡의 글씨가 들어 있는 궤짝을 끌어내리다 쓰러져 세상을 떠났다.

사임당의 초서는 막내아들 이우와 백광훈白光勳·한호韓濩 등 16세기 중후반과 17세기 초에 활동한 초서 명필들에게 일정한 영향을 끼쳤다고 하며 혹자는 이들을 '사임당서파師任堂書派'로 명명하기도 한다.

한호(韓濩, 1543~1605)는 호가 석봉石峯이다. 그는 사신을 따라 명나라에 갈 때마다 축하연이 벌어진 자리에서 특유의 정교한 필법으로 글씨를 써서 동방 최고의 명필로 아낌없는 칭송을 들었으며, 명나라의 여러 고관대작들로부터 종종 왕희지와 비교하는 평판을 들었다. 그가 율곡의 친한 친구였던 최립의 고종육촌이었고 또 깊이 교유했다는 사실로 미루어 사임당의 초서풍 영향을 받았을 가능성은 충분히 있다.

'작은 사임당'이라 불렸던
큰딸 매창

사임당은 4남 3녀, 일곱 남매를 낳아 교육시켰는데 셋째 아들 율곡이 어머니의 군자다운 풍모와 총명함을 물려받았다면 예술적인 재능을 물려받은 자녀는 누구일까? 사임당의 자녀 가운데 예술적인 재능을 고스란히 물려받은 사람은 큰딸 매창과 막내아들 이우였다.

매창에 대한 기록은 세 군데에 보인다. 그중에서 『율곡전서』에 실린 정홍명(鄭弘溟, 1582~1650)의 「기암잡록奇巖雜錄」에 나타나는 것이 최초이다. 정홍명은 『사미인곡』, 『관동별곡』으로 유명한 송강 정철의 아들이다.

> 율곡이 벼슬에 오른 뒤에 무릇 국가 중대사가 있으면 그 누이에게 물었다. 계미년 북방 반란 때 율곡이 병조판서로 있으면서 군량의 부족을 걱정하자, 그 누이가 "오늘날의 급선무는 반드시 인심이 즐겨 따를 것을 생각해서 행하여야 성취할 수 있다. 재주 있는 서얼들이 폐고廢錮된 지 이미 백년이 넘어서 모두 울분을 품고 있으니, 지금 만일 그들에게 곡식을 납입함에 따라 벼슬길을 틔워준다면 군량을 금방 마련할 수 있을 것이다." 하니 율곡은 탄복하고 즉시 계청해서 시행하였다.
>
> _ 정홍명, 「기암잡록」

율곡은 1583년(선조 16) 병조판서에 임명되었는데 그해 음력 2월에 국방 강화를 위해 「시무6조」를 올렸다. 그 내용 중에는 서얼 제도를 폐지하며 신분에 관계없이 천민이나 노비 중에서도 능력 있는 사람은 평등하게 공직에 발탁하여 나랏일을 맡겨야 한다는 것이 있었다. 이것이 이른바 납미허통[40]으로 시행되었다. 그러나 서얼의 문과 응시는 무려 200여 년이나 뒤인 정조 대에 가서야 허용되었다.

대학자인 율곡이 자문을 청하고 그것이 국가정책에 반영될 정도로 탁월한 식견을 가졌던 매창이 글을 남기지 않은 것은 참으로 애석한 일이다.

두 번째로는 평산 신씨인 묵재 신명규(申命圭, 1618~1688)가 지은 매창의 부군 조대남의 묘지명 일부에서 언급된다.

여사(매창)는 능히 경전과 『사기史記』를 통해 사리를 알았기 때문에 율곡이 크고 작은 일에 매번 의심나는 일이 있으면 여사에게 나아가 자문을 구했다.

세 번째는 옥산의 8대손 이서(李曙, 1752~1809)가 쓴 「가전서화첩발家傳書畵帖跋」이며 옥산의 그림, 매창의 시와 그림을 합쳐 만든 서화첩에 대한 발문이다.

…… 매창은 부녀자 중의 군자다. 일찍이 어머님의 교훈을 받들어 여자의 규범을 따르고 또 그 재주와 학식이 보통 사람보다 지나쳐 깊은 지혜와 원리를 가졌던 이라. 세상이 전하되…… 요즘

40 納米許通, 이이가 서얼로 하여금 북쪽 변경에 곡식을 바치게 하고 문무과에 응시할 수 있는 자격을 부여한 것.

우연히 선조의 문적을 뒤지다가 수백 년 뒤에 문득 끼친 그 필적을 보매 시의 운치는 청신하며 그림 솜씨는 정교하여 그야말로 이른바 "이 어머님에 이 딸이 있다."는 그대로라. ……

현재 매창의 그림으로 전해지는 작품은 여섯 폭이며 매화가 두 폭이고 나머지 네 폭은 사계절을 그린 「사계수묵화조도四季水墨花鳥圖」로 볼 수 있다.

조선시대 사대부들이 즐겨 그린 문인화의 소재는 사군자였다. 매화, 난초, 국화, 대나무가 인품과 학식을 겸비한 군자와 같다고 보고 네 명의 군자라 부른 데서 유래한 것이다.

흔히 '매란국죽'은 이들의 장점을 잘 보여주는 계절을 춘하추동의 순서에 맞춰 배열한 것으로 유교에서 숭상하는 도덕적 가치를 상징하였다. 그중에서도 이른 봄의 추위 속에 맨 먼저 꽃을 피우는 매화는 '호문목好文木'이라 하여 문장을 좋아하는 나무란 뜻을 가졌다. '호문목'이라는 이름이 붙은 유래도 재미있다. 중국 진나라 무제武帝가 글을 좋아하였는데 공부를 열심히 하려고 할 때는 꼭 매화가 피었고 공부를 게을리하면 피지 않는다는 일화에서 나왔다고 한다.

매화는 사군자 중에서 선비의 의미를 가장 많이 담고 있어서 군자의 덕을 가졌다고 보았다. 추위 속에서 홀로 꽃을 피워내는 매화의 꽃과 향이 맑음과 앙상한 가지에서 보이는 꼿꼿함은 청정한 은사隱士의 정신과도 같아서 세속을 초탈한 선비를 연상케 하기 때문이다.

사임당이 그린 「고매첩」 8폭 가운데 4폭. '여중군자'의 길을 추구한 사임당이 '군자의 꽃' 매화를 그린 것은 어쩌면 필연이자 숙명이었을 것이다. 조선시대 여성 가운데 매화도를 남긴 사람은 사임당과 큰딸 매창 정도다.

매창의 「월매도」. 셋째 아들 율곡이 어머니 사임당의 총기를 물려받았다면 맏딸 매창은 성품과
예술적 재능을 고스란히 물려받았다.

매창의 「사계수묵화조도」 제1폭 「참새」(왼쪽)와 제2폭 「참새와 대나무」(오른쪽). 사계절의 변화를 뚜렷하게 표현했는데 특히 2폭에 대나무를 그린 것이 인상적이다. 대나무는 자신을 곧게 하고 마음을 비우는 것을 덕목으로 삼는 군자의 표상이었으므로 대나무를 그렸다는 점으로 미루어 어머니 사임당이 추구했던 여중군자의 길을 딸인 매창도 추구했으리라는 추정이 가능하다.

'매화는 일생 추위도 그 향기를 팔지 않는다梅花一生寒不賣香'는 시구처럼 조선중기의 매화도가 매화나무 가지의 형태를 중요시한 것은 거듭된 사화士禍와 정쟁 속에서 지조의 상징으로 삼고자 함이었을 것이다.

매화를 사랑하기로 유명한 퇴계 이황은 벼슬길을 마다하고 학문에 정진하며 후학을 양성하였는데 조선에서 가장 많은 매화시를 남겼다. 그는 『퇴계매화시첩退溪梅花詩帖』에서 '고상한 정취가 속세의 시끄러움의 화초에 끼어들기 싫어하고 천년 만에 고산에의 동원에서 한 번 웃었네'라고 하듯 매화를 고결한 것으로 보고 선비가 추

매창의 「사계수묵화조도」 제3폭 「달과 기러기」(왼쪽)와 제4폭 「설경과 새」(오른쪽).

구하는 정신으로 삼았다.

사임당이 매화도를 그린 것이나 큰딸 이름을 매창이라 지은 것도, 그리고 매창이 매화도를 그린 것도 매화가 상징하는 '숨어 있는 선비'라는 뜻과 무관하지 않을 것이다.

매창의 네 폭짜리 「사계수묵화조도」는 사계절의 변화를 뚜렷이 표현했는데, 이 중에서 사군자 중 대나무를 그린 것이 눈에 띈다. 대나무도 선비를 상징하는 것으로 성질은 곧아서, 곧음으로써 자신의 몸을 바로 서게 하고 있다. 그리고 그 속은 비어 있으니 군자가 자신을 곧게 하고 마음을 비우는 것을 그 덕목으로 삼는 것과 같다.

송나라 시인 소식(소동파)의 대나무 사랑도 유별났다. "밥 먹을 때

고기반찬 없는 것은 괜찮지만, 사는 집에 대나무가 없어서야 될 말인가. 고기가 없으면 사람이 마를 뿐이지만, 대나무가 없으면 사람을 속물로 만든다네."[41]라고까지 말하여 대나무를 벗으로 여겼을 정도였다. 매창이 대나무를 그린 데에도 그런 뜻이 담겨 있는 것으로 보인다.

시서화에 거문고까지 더한
막내아들 이우

"참깨에다 거북 구龜 자를 쓰신 적이 있었고, 또 콩을 두 쪽으로 쪼개어 오언절구를 그 한 쪽에다 쓰셨다."고 송시열이 극찬한 옥산은 글과 그림, 글씨뿐만 아니라 거문고에도 일가견이 있어 사절四絶로 불렸다. 그에 대한 행장은 송시열이 썼는데 내용을 보면 옥산이 시서화금에 뛰어났으며 임금인 선조가 재주를 아껴 상을 많이 내렸으며 인품 또한 대단했음을 알 수 있다.

율곡 선생께 아우님이 계시니 이름은 우瑀요 자를 계헌季獻 호를 옥산玉山이라 하며 일찍이 영남의 선산善山에 사셨는데 선산 사람들이 사절四絶이라 칭찬했다. 거문고와 글씨와 시와 그림이 뛰어

41 可使食無肉 不可居無竹 無肉令人瘦 無竹令人俗.

남을 말하는 것이었다.

…… 선조대왕께서 사랑하시어 상賞으로 초결(草結 : 초서 쓰는 비결),
백운百韻을 손수 쓰신 책을 내려주셨으며, 그 밖에도 내려주신 물
건이 매우 많았다.

그러나 그 사절로도 결국은 그 사람의 인품을 전부 표현할 수는
없는 것이기 때문에 율곡 선생도 그 재주를 칭찬하지 않으시고
그 인품을 칭찬하시며 '내 아우가 학문에 종사하였더라면 내가
미치지 못하였을 것이다'라고 했다.

_ 송시열, 「옥산선생이공묘갈문玉山先生李公墓碣文」

조선시대 임금 중 글씨를 가장 잘 썼다는 선조가 이우에게 「초
결백운가草訣百韻歌」를 하사하며 손수 표지를 써주었다는 내용이다.
초결백운은 100개의 운으로 혼돈하기 쉬운 비슷한 글자를 초서로
구별하는 방법을 노래한 초서 입문자들의 필독서이다.

옥산은 11세 되던 해 어머니가 세상을 뜨자 5살 위의 셋째 형님
율곡과 함께 3년 상을 치렀으며 서모 권씨도 지극정성으로 모셨
다. 어머니의 서화 기법을 열심히 익히고 형님의 학문을 본받으며
서애 유성룡, 최립, 황윤길 등과 교유하였다. 사헌부감찰, 비안현감,
고부·괴산군수를 지냈으며 1605년 군자감정에 제수되었으나 병으
로 나가지 않았다. 벼슬에서 물러난 후에는 장인인 황기로의 유업
을 받아 낙동강변 매학정梅鶴亭의 주인이 되었다.

옥산은 형인 율곡과 장인 황기로에게 학문과 서예를 전수받았
지만 가장 영향을 많이 받은 사람은 역시 어머니 사임당이었다. 그

가 살았던 시대는 사화와 임진왜란, 서인과 동인의 갈등 등으로 정치적인 불안이 계속되던 때였다. 그러나 조선 개국 때부터 시작된 명나라와의 문물교류로 많은 서책이 유입되었고 서예와 회화가 발전하기 시작했다. 서예에서는 왕희지체를 바탕으로 한 송설체에서 한석봉체로 바뀌면서 한석봉체가 왕실에서 민간에까지 널리 유행하게 되었다.

이 시기에는 초서에 뛰어난 명필가들이 나왔는데 양사언, 김인후, 황기로 등이 유명하다. 황기로의 글씨에 대해 명종이 "천하의 초성으로는 왕희지 이후 한 사람이다."라고 칭찬하자, 그의 글씨를 구하려는 사람이 하루에도 수십 명이었다고 한다.

옥산의 대표적인 글씨로 알려진 「귀거래사초서병풍」은 도연명(陶淵明, 365~427)의 「귀거래사歸去來辭」[42]를 쓴 것으로 옥산의 나이 15세 되던 1556년 3월에 어머니의 글씨를 모범 삼았다. 이 글씨는 "용이 천문으로 뛰어 오른 듯, 호랑이가 봉각에 누워 있는 듯하고 구름 위를 나는 학이 하늘에서 노는 듯하다."는 평을 들었다.

글씨도 뛰어나지만 열다섯 어린 나이에 「귀거래사」를 썼다는 사실도 놀랍다. 도연명의 「귀거래사」는 그가 41세에 "내 어찌 쌀 다섯

42 도연명의 「귀거래사」 원문은 다음과 같다. 歸去來兮 / 請息交以絶遊 / 世與我而相違 / 復駕言兮焉求 / 悅親戚之情話 / 樂琴書以消憂 / 農人告余以春及 / 將有事於西疇(돌아왔노라 / 세상과 사귀지 않고 속세와 단절된 생활을 하겠다 / 세상과 나는 서로 인연을 끊었으니 / 다시 벼슬길에 올라 무엇을 구할 것이 있겠는가 / 친척들과 정담을 나누며 즐거워하고 / 거문고를 타고 책을 읽으며 시름을 달래련다 / 농부가 내게 찾아와 봄이 왔다고 일러주니 / 앞으로는 서쪽 밭에 나가 밭을 갈련다).

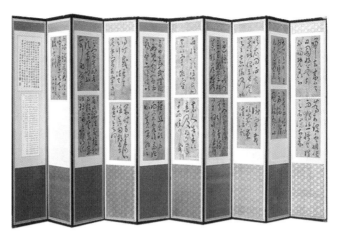

사임당의 막내 아들 옥산 이우의 옥산서병. 열다섯 살의 나이에 도연명의 유명한 시 「귀거래사」를 쓴 것이다. 시구의 선택에서 일찍 어머니를 여읜 소년의 마음이 느껴진다.

말에 허세부리는 미관말직 소인배들에게 허리를 굽힐 수 있으랴.” 라며 관직을 때려치우고 고향으로 돌아가 농사를 지으며 자연 속에서 욕심 없이 살겠다는 뜻을 드러낸 시였기 때문이다. 그런데 41세라면 모를까, 15세라면 자연으로 돌아가겠다는 소박한 무욕의 의지보다는 청운의 꿈을 품고 과거에 급제하여 입신양명을 꿈꿀 나이 아닌가.

옥산이 11세 되던 해 사임당이 세상을 뜨자 율곡과 마찬가지로 큰 충격을 받았던 것으로 짐작된다. 그러나 이유는 충분히 짐작할 수 있다. 옥산 역시 어린 나이에 어머니를 잃었기에 하늘이 무너지는 심정이었을 것이다. 사임당은 그들 형제들에게 어머니인 동시에 스승이자 정신적 기둥이었기 때문이다.

3년 시묘살이를 끝내고 의지하던 형 율곡마저 금강산으로 들어

가버렸으니 어린 옥산이 마음을 기댈 곳이 없었을 것이다. 그러한 현실이 「귀거래사」를 쓴 동기가 되었으리라.

옥산은 당대 최고의 초서 명필인 황기로의 외동딸에게 장가 들면서 장인의 서풍을 수용하게 되었다. 황기로도 사위의 글씨에 대해 "서법의 씩씩하기는 나보다 낫지만 아름다움에서는 미치지 못하는데 조금만 더 공을 기울인다면 내가 미칠 바가 아니다."라고 높이 평가하였다.

옥산은 그림에도 뛰어난 재능을 발휘하였다. 그림은 어머니의 화풍을 따라 초충, 사군자, 포도 등을 그렸다. 옥산의 「묵란도墨蘭圖」는 농담의 변화가 능숙한 필치로 유려하게 그린 난초가 잎의 방향을 바꿔 꺾이지 않고 길게 뻗어나간다. 이러한 난법은 중국 원과 명대의 전통을 따른 것으로, 조선중기 묵란도는 대부분 이러한 방식으로 그려졌다고 하며 조선중기의 묵란도로서 회화사적 의의가 큰 작품으로 알려져 있다.

옥산은 포도 그림도 잘 그렸는데 어머니 사임당의 영향과 황집중(1533~?)의 화법을 바탕으로 자신의 개성을 살린 것으로 보인다. 옥산 이후에 포도 그림으로 대작을 남긴 이계호의 「묵포도」는 이러한 전통 속에서 완성된 것이라 할 수 있다. 포도는 수태와 다산을 상징하며 덩굴손이 용의 수염을 닮았다고 해서 큰 인물의 잉태나 벽사辟邪의 의미를 가진다. 또한 토양을 가리지 않고 잘 자라며 겨울철에도 얼어 죽지 않아 강인한 생명력을 상징하기도 한다.

조선중기 회화에서 특기할 것 중의 하나는 수묵으로 그린 묵포도화가 전에 없이 독특하게 발달하였다는 사실이다. 그것은 포도

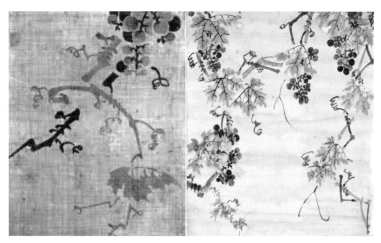
조선중기 포도 그림의 1인자로 알려진 황집중의「묵포도도」(왼쪽)와 이우의「묵포도」(오른쪽).

의 형태에서 다산과 풍요, 부귀다남富貴多男을 연상했기 때문이었다.

우리나라에서 문인화의 일원으로 포도 그림이 그려지기 시작한 것은 조선초기부터인데 '사대부 화가'라 불린 강희안(1419~1464)이 최초로 그렸다고 전하나 현존하는 작품은 없다. 그래서 사임당의 묵포도를 우리나라에서 가장 오래된 묵포도로 보기도 한다.

사임당과 옥산의 묵포도에 대한 해설을 읽어보자.

사임당의 포도 그림은 화면 중심선을 따라 줄기를 내려뜨리고 하단부에 잎과 포도송이를 배치함으로써 안정감 있고 짜임새 있는 구도를 취했다. 포도송이를 부분적으로 가리는 풍성한 잎을 담묵으로 묘사하고 그 위에 농묵의 예리한 필선으로 엽맥을 처리하였다. 엽맥의 부드러운 곡선으로 인해 포도 잎의 입체감이 잘 표현되었고 또 포도 알 하나하나에 농묵의 변화를 주어 영글기 시작하는 포도 알과 다 영근 포도 알을 구분지어 표현하였다. 필치 역시 안정된 구도와 걸맞게 다소 느긋한 붓질로 유연하고 차분하게 포도의 풍치를 담아내고 있다.

_ 정항교(전 오죽헌시립박물관장)의 해설

한편 옥산의 「묵포도」에 대해서는 조선중기 포도 그림의 1인자로 알려진 황집중보다 표현이 더 풍부하다고 평하였다.

전체적인 구도나 묘사는 어머니(사임당) 포도 그림과 매우 유사하지만 갈지자_之 자 형태로 사선을 그리며 내려오는 포도 줄기의 포치는 어머니 작품에 비해 변화감과 율동감이 훨씬 강조되어 있다. 또한 줄기와 잎사귀의 농담의 대비와 빠르고 골기 있는 필치는 화면 전체의 기세를 한껏 고조시켜 둥근 포도 알과 유연한 포도넝쿨로 인해 자칫 연미한 자태가 드러나기 쉬운 포도를 마치 묵죽이나 묵매와 같이 청신하고도 강직한 미감으로 승화시켜 놓고 있다. 줄기를 수척하게 표현한 것은 청렴함을 나타낸 것이고, 마디를 굳세게 표현한 것은 강직함을, 가지를 약한 듯 보이게 한 것은 겸손함을 나타낸 것이다.

_ 정항교(전 오죽헌시립박물관장)의 해설

또한 옥산은 어머니 사임당이 즐겨 그리던 초충도를 남겼다. 옥산의 「수박과 들쥐」는 사임당의 「수박과 들쥐」에 비해 부드러운 필치라는 평을 듣는다.

율곡기념관에 전시되어 있는 「옥산화첩」에는 게 그림이 보인다. 옛 그림에는 게를 그린 것이 많은데 이러한 게 그림을 전려도傳臚圖라고 한다. 전려도에는 반드시 갈대가 함께 나온다. 한자로 갈대는 노蘆 자인데 이것의 옛 중국 발음이 여臚와 매우 비슷하다. 여는 과거에 장원급제한 사람에게 임금이 내리는 고기 음식이었다. 따라서 '전려傳臚'란 장원급제자가 임금을 뵙고 임금이 내리는 음식을 받는 최고의 영예를 누린다는 뜻이다. 그리고 게는 갑각류이니, 갑은 으뜸이라는 뜻에서 과거에 급제하기를 바라는 상징이다.

게의 별명이 횡행개사橫行介士이다. 횡행橫行이란 거리낌 없이 멋대로 다닌다는 뜻인데, 게가 바로 걷지 못하고 옆으로 기는 것을 이렇게 표현한 것으로, 임금 앞에서도 거리낌 없이 바른 말을 하는 강직한 선비라는 뜻이다.

옥산이 게 그림을 그린 숨은 뜻을 이해할 수 있을 것이다. 그는 과거에 두 번 실패한 쓰라린 경험도 있다. 어쩌면 자신도 과거에 급제하고 임금 앞에서도 당당히 소신을 밝히는 올곧은 선비가 되고 싶었던 적도 있으리라. 그러나 셋째 형님 율곡이 당쟁의 소용돌이 속에서 고심하는 것을 보고 그런 마음을 접었을지도 모른다.

옥산은 율곡과 동행하며 풍류를 즐기고 해주 석담에 살 때는 한가한 날 술을 빚고 거문고를 타며 시를 읊으며 지냈다고 한다. 송시열은 옥산의 시를 "부스러진 한 조각의 금이나 옥 같다."고 평하였다. 관직에서 물러난 옥산은 장인 황기로의 고향인 구미로 내려갔다. 그곳의 매학정의 경치를 보고 지은 시가 『옥산시고玉山詩稿』에 전해진다. 매학정은 낙동강 서편 보천탄寶泉灘 고산 기슭에 있

사임당의 「수박과 들쥐」.

다. 1533년 봄 황기로가 조부의 뜻을 받들어 이곳에 정자를 지었다. 송나라 때 임포林逋가 당시 정치가 어지러운 것을 싫어해 벼슬길에 나가지 않고 속세를 떠나 은거하면서 매화를 심고 학을 키우며 사는 것을 보고 사람들이 '매처학자(梅妻鶴子, 매화를 아내 삼고 학을 자식 삼아 산다는 뜻)'라 불렀다.

황기로 역시 그와 같은 삶을 살겠다고 자처해 산 이름을 고산으로 짓고, 그 이름으로 호를 삼았으며, 정자 이름을 매학정이라 하였다. 황기로와 율곡은 가까운 지인으로 율곡의 아우 옥산을 사위로 삼고 매학정을 물려주었다.

또한 이우의 아들 이경절李景節도 글씨와 그림, 거문고 연주에 뛰

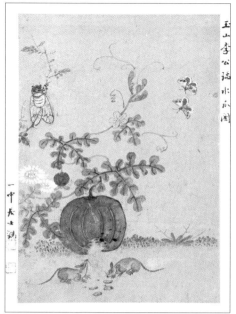

이우의 「수박과 들쥐」.

어났다. 이경절은 꽃이나 풀, 벌레 같은 화훼초충花卉草蟲을 특히 잘 그렸다고 하니 사임당의 예술적 재능이 아들을 거쳐 손자까지 3대에 이어진 것이다.

맑고 깊고 웅건한
옥산의 거문고 가락

오동나무 판에 매어진 여섯 줄 명주실을 튕겨 깊고 웅혼한 소리를 내는 거문고는 학문을 갈고 닦아 군자의 도를 추구하던 선비들

거문고는 선비들이 가장 사랑한 악기였다. 조선후기 풍속화가 신윤복이 그린 「상춘야흥」에도 거문고가 등장한다.

이 가장 사랑한 악기였다. 공자는 거문고를 즐겨 연주했으며 시인 도연명은 평생 줄 없는 거문고를 곁에 두었다고 한다. 시서화에 능하면 3절이라 하고 거기에 더해 거문고까지 능하면 4절로 불렸는데, 사임당의 막내아들 이우가 4절이라 불렸다.

중국 후한後漢의 학자 응소應劭가 편찬한 『풍속통의風俗通義』에는 거문고에 대해 다음과 같은 얘기가 실려 있다.

거문고를 금琴이라고 하는 것은 군자가 바른 것을 지켜서 스스로 금禁한다는 데서 나온 말이다. 즉 거문고 소리가 울려 퍼지면 바른 뜻을 감동시키기 때문에 선한 마음이 스스로 우러나서 사악한 마음이 생기는 것을 막아준다는 것이다. 그래서 성현 군자들은 거문고를 타면서 항상 조심하고 스스로 사악한 것을 금할 것을 조절하였다.

또한 『사기』, 「공자세가孔子世家」에는 "공자가 사양자師襄子라는 사람에게 거문고를 배웠는데 거문고를 배우는 것은 기술을 배우는 것이 아니라 사람의 마음을 배우는 것이다."라는 대목이 나온다. 공자는 평생 거문고 연주를 즐겼다고 한다.

고려시대의 문신 이규보(李奎報, 1168~1241)의 『동국이상국집東國李相國集』에는 거문고가 군자의 벗이며 줄 없는 거문고를 즐기는 연유를 밝히고 있다.

옛말에 이르기를 거문고는 악樂의 으뜸이라, 군자가 항상 사용하여 몸에서 떠나지 않는다 하였다. 나는 군자가 아니지만 오히려 거문고 하나를 간직하고 줄도 갖추지 않고서 어루만지며 즐겼더니, 어떤 손님이 이것을 보고 웃고는 이어서 다시 줄을 갖추어주었다. 나는 사양하지 않고 받아서 길게 또는 짧게 타며 마음대로 가지고 놀았다. 옛날 진나라 도연명은 줄이 없는 거문고를 두어 그에 의해 뜻을 밝힐 뿐이었는데, 나는 이 구구한 거문고를 가지고 그 소리를 들으려 하니 어찌 반드시 옛사람을 본받아야 하겠는가?"

17세기에 그려진 이경윤의 「월하
탄금도」. 달을 바라보며 줄 없는
거문고를 타는 선비의 모습이 군
자의 풍류를 드러내고 있다.

위에서 도연명을 언급한 것은 유래가 있다. 「귀거래사」로 유명한
중국 진나라 도연명은 "음률을 몰랐지만 줄 없는 금을 늘 곁에 두
고서 술이 적당하게 되면 금을 어루만지며 제 마음의 소리를 읊었
다."[43]고 전하기 때문이다.

예로부터 선비들이 '줄 없는 거문고'라고 한 것은 음악은 단순히
소리를 내는 것이 아니라 마음의 시를 들을 수 있는 경지에 이르러
야 한다는 일종의 궁극적 목표와도 같은 것이었음을 알 수 있다.

율곡은 아우의 거문고 가락을 좋아했으며 가는 곳마다 함께 하
며 시를 짓고 밤을 새우는 등 형제간의 우애가 두터웠다. 때문에

---

43   淵明不解音律, 以畜無絃琴一張, 每酒適, 輒撫弄以寄其意. 蕭統.

옥산은 율곡과 절친한 벗이던 서애 유성룡(柳成龍, 1542~1607)과도 친분이 두터워 서로 시를 주고받았다.

옥산의 증손자이자 이경절의 손자인 이동명李東溟이 간행한 『옥산시고玉山詩稿』에 실린 「서애학금차운시西厓學琴次韻詩」는 옥산이 유성룡에게 보낸 것이다.

> 말 못하는 늙은 오동나무도 아름답고 묘한 소리를 내고 休道枯梧
> 發妙音
> 고인의 더할 수 없는 즐거움은 흉금에 있다 高人至樂在胸襟
> 줄은 있는데 아직 붙이지 않아도 홍취가 있고 有鉉還寄無鉉趣
> 밝은 달은 내 마음을 알아 옛것을 지금 비춰주네 明月知心古到今
> _ 이동명, 『옥산시고』

여기서 흉금胸襟은 가슴 속에 품은 생각을 말하는 동시에 흉금胸琴의 의미로도 읽을 수 있다. 흉금은 외부의 자극에 미묘하게 움직이거나 감동하는 마음을 거문고에 비유한 것을 뜻하기 때문이다. 이런 대목에서 옥산의 시재詩材를 엿볼 수 있다.

이 시구에 보이는 무현無鉉은 거문고에 줄이 없다는 것인데 조선의 선비들은 무현금無鉉琴을 타면서 스스로 흥에 취하기도 하였다.

조선시대 문인들이 남긴 기록에는 시서화금詩書畵琴에 대한 내용이 많이 전한다. 시를 짓고 글씨를 쓰며 그림을 그리고 거문고를 타는 것이 선비에게는 여가문화인 동시에 일상이었다.

옥산의 재능은 아들 이경절에게 이어져 그도 사절四節이라는 평을 들을 정도로 뛰어났었다고 하나 아쉽게도 전하는 작품을 찾기 어렵다. 한편 옥산의 셋째 딸로 서녀庶女였던 벽오 부인碧梧夫人 이씨 역시 「묵죽도」를 남겨서 사임당 집안의 예술적 전통을 보여준다.

사임당의 손녀
벽오 부인 이씨의 그림

사임당의 손녀이자 옥산의 셋째 딸인 이씨 부인은 벽오碧梧 이시발(李時發, 1584~1609)의 세 번째 부인으로 출가하여 정경부인 자리까지 올랐지만 26세로 짧은 생을 마쳤다.

이시발은 이부인 제문祭文에 이렇게 썼다.

형제들간의 우애가 있음은 천성으로 타고나지 않으면 안 될 것이며 그녀의 문사文史에 박학함, 거문고와 바둑에 뛰어남, 자수를 잘함, 그리고 서화를 이해함에 이르기까지 모두 그의 본분 이외의 일에 능함을 보여준다…….

위 내용을 보면 이부인은 사임당과 율곡, 옥산, 외조부인 황기로의 학문과 예술적 재능을 이어받은 가운데 옥산과 황기로의 영향을 많이 받았음을 짐작할 수 있다. 현재 이부인의 작품으로 「묵죽화첩墨竹畵帖」이 경주 이씨 가문에 전해 내려온다. 이부인이 그린 네폭의 묵죽은 사임당의 묵죽보다 잎이 훨씬 굵으며 매창의 「참새와 대나무」 중의 대나무와 공통점이 더 많고 당대 최고의 묵죽화가로 알려진 이정의 작품과 비슷한 점이 있어 조선중기의 묵죽화 양식을 따른 것으로 볼 수 있다.

이부인 역시 조모인 사임당과 마찬가지로 초충도 등 다양한 소재의 그림을 그렸으리라 추측된다. 사임당의 서화는 큰딸 매창과 막내아들 이우를 거쳐 손녀 이부인까지 3대에 걸쳐 면면히 계승되었던 것이다.

이처럼 사임당은 당대에 이미 뛰어난 화가로 이름을 날렸으며, 그 재능은 후손들에게 이어졌다. 그러던 사임당은 어떻게 '화가 신씨'에서 '어머니'로 축소평가되기에 이르렀을까? 사후 460여 년 동안 사임당의 이미지가 어떤 식으로 굴절되고 왜곡 포장되었는지 살펴보자.

6장.

일그러진 현모양처 신화의 탄생

사임당의 이미지 변천사

"어머니, 또 그림을 그리고 계시어요?"

댕기머리를 나풀거리며 매창이 방안으로 들어왔다.

사임당은 화필을 놓고 딸의 얼굴을 바라보았다.

"그렇단다. 이리 와서 너도 그려보렴."

"오늘도 나비를 그리시네요. 나비는 지난번에도 그리셨잖아요."

사임당은 말없이 미소지었다.

한없이 사랑스러운 딸. 아버지가 자신을 바라보던 심경이 똑 이랬을까.

"저는 매화를 그릴래요. 초충도보다는 사군자가 좋아요.

그런데 왜 어머니는 나비를 많이 그리세요?"

"글쎄다, 왜일까?"

나비의 꿈.

사내로 태어났다면 훨씬 넓은 세상을 꿈꿀 수 있었을 텐데.

나비처럼 자유롭게, 훨훨, 세상을 날아볼 수 있었을 텐데.

사임당은 지그시 눈을 감았다.

다시 화필을 잡았다.

손끝에서 나비의 왼쪽 날개가,

다시 오른쪽 날개가 팔랑거리면서 활짝 펼쳐졌다.

16세기, 당대 화가로
이름을 날리던 신씨 부인

사임당은 당대에 '신씨申氏' '동양 신씨東陽申氏' 등으로 불린 여성 화
가였다. 유교가 통치 지배질서로 자리 잡고 있던 당시, 사대부가의
여성을 화가로 꼽는다는 것은 전례가 없었다고 한다. 그러나 16세
기에 나온 사임당에 대한 평가는 공통적으로 '여성으로 그림 솜씨
가 뛰어났다'는 것이다. 사임당을 뛰어난 재능을 가진 화가로 인식
하였던 것이다.

사임당의 7대 손인 이선해(李善海, 1717~1776)는 "무릇 우리 집안에
전해지는 것으로 말하면, 신부인께서 처음 시부모를 뵙던 날 일가
의 어른들이 모두 이르기를, '신부가 그림을 잘 그린다고 하니 한
번 감상할 수 있겠느냐?'고 하자, 부인께서 감히 사양할 수 없어서

놋쟁반에 먹으로 포도를 그린 뒤 감상하고 나자 씻어버리셨으니 손재주가 있다고 외간外間에 전파되고 싶지 않기 때문이다."라고 하였다.

16세기에 사임당을 화가 신씨로 언급한 이들은 당대에 내로라하는 문인들로, 송설체로 필명이 높았던 소세양(蘇世讓, 1486~1562)과 정사룡(鄭士龍, 1491~1570), 정유길(鄭惟吉, 1515~1588) 등이었다.

소세양이 사임당의 산수화에 쓴 두 편의 시가 전한다.

노곤한 봄날이라 먼지 덮인 경대 앞에
자다가 깨어나니 붉은 햇빛 창을 쏘네.
한 조각 강산 풍경 눈 아래 벌어지고
만 겹이나 엉킨 연기 가슴 속에 피어나네.
그윽한 산길은 절벽으로 굽이 돌고
그물 치는 고깃배는 기슭 따라 돌아가네
두어 자 비단폭에 그려 넘친 그윽한 뜻
알쾌라 신묘한 붓 하늘 조화 빼앗았구나

시냇물 굽이굽이 산은 첩첩 둘러 있고
바위 두른 늙은 나무 구부러져 길이 났네
숲에는 아지랑이 자욱하고
돛대는 안개구름에 뵐락말락 하는구나
해질녘에 도인 하나 나무다리 지나가고
소나무 정자에선 야승들이 한가로이 바둑 두네

꽃다운 그 마음은 신과 함께 어울렸나니

묘한 생각 맑은 자취 따라잡기 어려워라

_ 소세양, 『양곡집陽谷集』

첫 번째 시는 봄날의 강산 풍경을 묘사한 것으로 사임당의 그림 솜씨에 탄복하는 내용이다. 그런데 문제는 두 번째 시였다.

두 번째 시를 보면 사임당의 산수화에 중과 도인이 등장하는데 마치 한 폭의 무릉도원 같은 풍경에 도교적인 분위기가 깔려 있다. 이것은 이전 산수화의 유교적인 정취와는 전혀 다르다.

여기서 문제의 송시열이 등장한다. 소세양의 시에 대해 송시열이 그림 속의 인물이 중인지 아닌지 분간하기 어렵다면서 소세양이 중이라고 한 것은 당치 않다고 주장했던 것이다. 그리고 남녀구별이 엄격한데 여성이 그린 그림 위에 시를 적어 놓은 행위와 시에 나타난 표현을 무례하다고 비판했다.

남녀차별적 유교관념에 철저한 송시열이 보기에는 사임당의 화제畵題도 이해가 안 될뿐 아니라 소세양이 시까지 붙인 것은 더욱 못마땅했던 것이다. 그는 이 산수화가 사임당의 작품이 맞는지 의심스럽다고 문제를 제기할 정도였다.

또한 소나무 아래 의관衣冠한 사람을 그린 것도 그다지 분명하지 않은데 소공(소세양)의 시에는 중이라고 했으니 이는 부인에게는 마땅치 않은 것입니다.

그리고 남녀의 구별이 지극히 엄격해서 비록 일가친척이라도 무슨 물건을 서로 빌리거나 한 우물을 같이하지도 못하는 것입니다. 지금 부인의 인장 아래에 소공이 자기 손으로 그 위에 시를 적어놓은 것은 참으로 미안한 일입니다. 또 시에 '꽃다운 마음'이니 '맑은 자취'니 한 것도 그윽하고 고요한 덕을 노래한 뜻에는 맞지 않은 것 같습니다. 더구나 '따라잡기 어렵다'는 것은 남녀 간의 엄격하고 경의해야 하는 점에서 본다면 부당한 말인 것 같습니다. 소공의 사람됨이 어떠한지는 모르나 그 무례하고 공손치 못한 것이 이럴 수가 있습니까?

_ 송시열, 「사임당산수도발師任堂山水圖跋」

한편 앞에서도 언급했듯이 어숙권은 『패관잡기』에서 "신씨는 어려서부터 그림을 공부했는데 그녀의 포도와 산수는 절묘하여 평하는 이들이 안견의 다음 간다고 한다. 어찌 부녀자의 그림이라 하여 경솔히 여길 것이며, 또 어찌 부녀자에게 합당한 일이 아니라고 나무랄 수 있을 것이랴."라는 기록을 남겼다.

또한 사임당의 산수도에는 이경석(李景奭, 1595~1671)의 서문이 발견되었는데 그 역시 사임당의 그림을 높이 평가하였다. "필묵이 유려하고 경치마다 절묘함에 이르렀으니, 애초부터 노력하고 고심해서 된 것이 아니라 자연스럽게 된 것이다."라고 평하며 이것은 "남자나 여자나 할 것 없이 하나의 이치를 깨닫게 되면 천지의 조화가 저절로 손끝에서 표현되기 때문이다."

한편 정사룡은 7언율시에 뛰어나고 글씨에도 능하여 중국에까지 이름을 떨친 문인이다. 소세양과 정사룡, 어숙권은 서로 친분이 두터웠던 관계로 알려져 있다.

　이들 외에 사임당의 포도 그림 병풍을 보고 글을 지은 이가 정유길이었다. 문장과 시, 글씨에 뛰어났던 정유길은 「신씨의 포도 그림 병풍의 글題申氏葡萄畵屛」에서 사임당의 그림을 극찬하였다. 여기서 '동양'은 사임당을 지칭한다.

　　규방 안의 동양東陽이 빼어나듯

　　산림 속의 이역 풍경 진기하도다

　　신령이 응축되어 오묘한 조화를 빚어내니

　　붓이 빼앗아 똑같이 그려내었네

　　　　　　_ 정유길, 「신씨의 포도 그림 병풍의 글」, 『임당유고林塘遺稿』 상

　개구쟁이 '오성과 한음' 이야기로 우리에게 친숙한 이항복도 사임당의 그림을 평한 바 있다. 이항복은 율곡의 제자인 김장생[44]과 친구였으며 율곡의 비명碑銘을 쓰기도 했는데, 사임당을 '대나무 그림의 대가'로 평가하였다. 사임당의 대나무 그림은 가지와 잎의 묘사가 정밀하며, "부인의 손에서 나왔으나 바람에 이리저리 흔들리는 기운이 있다."고 평했다. "근세 대나무 그림으로 이름난 사람으로 셋을 꼽을 수 있는데, 신잠, 유진동(柳辰仝, 1497~1561), 신부인申夫人이

44　김장생(金長生, 1548~1631)은 송익필, 이이, 성혼 등의 제자이자 계승자로 기호학파를 형성, 확장하는 데 기여하였다. 예학禮學의 태두로 평가되고 있으며, 그의 정통주의적 예학론은 이후 집권세력의 정치이념으로 중요한 역할을 했다. 김집, 송시열 등을 길러냈다.

그들이다."라며, 사임당을 대나무 그림의 3대 명인으로 꼽을 정도였다. 신잠[45]은 묵죽墨竹에 뛰어났다고 하며 유진동은 시서화도 잘하였고 죽화竹畵로 유명하였다.

이항복은 그림에 대한 안목이 높았던 만큼 그의 평은 주목할만하다. 그런데 이항복 역시 사임당을 '성현 율곡의 어머니'로 소개하고 있다.

> 처음에 진사 신명화가 한 딸을 대단히 사랑했는데, 총명함이 뛰어나서 고금의 글을 다 통하여 글을 잘 짓고 그림 그리는 일에도 뛰어났다. 그래서 신명화가 스스로 동양東陽의 망족望族인 데다 또 이런 규수가 있다 하여 그 배우자를 높이 가렸는데, 참찬이 마침내 찬성을 그 규수에게 장가들였다. 그래서 가정嘉靖 병신년丙申年에 신부인이 임신을 하여, 용이 바다에서 날아와 방으로 들어와서 아이를 안아다가 부인의 품에 넣어주는 꿈을 꾸고는 이윽고 아들을 낳았다.
>
> _ 이항복, 「율곡 선생 비문」, 『백사집』 권4

사임당이 용꿈을 꾸고 오죽헌에서 율곡을 낳았다는 얘기는 사

45 신잠(申潛, 1491~1554)은 『패관잡기』에 특히 묵죽에 뛰어났다고 전한다. 그리고 『연려실기술』에는 묵죽과 더불어 포도 그림도 잘 그렸다고 전한다. 현재 그의 진작眞作으로 단정지을 수 있는 작품은 남아 있지 않으나, 국립중앙박물관의 「심매도尋梅圖」와 「화조도」가 그의 작품으로 전칭되고 있다.

실 여부를 떠나서 큰 인물의 전형적인 탄생설화라고 봐야 할 것이다. 강릉 지역 일대에는 율곡과 관련된 설화가 많이 전승되는데 이는 자기 고장을 빛낸 위인들에 대한 숭모崇慕에서 비롯된 것이라 생각한다.

이항복의 앞글은 율곡의 탄생과 관련하여 사임당을 처음 언급한 것인데 이후 사임당은 화가 신씨에서 율곡의 어머니로 추앙받기 시작하면서 현모양처의 대명사로 역사 속에 갇히게 된다.

"여자가 감히 산수화를?"
17세기 송시열 이후, 산수화 청찬이 사라지다

송시열은 1659년(효종 10) 그의 나이 53세 때 「사임당의 난초 그림에 대한 발문」을 지었는데 뛰어난 그림 솜씨에 감탄하면서도 그림 자체보다는 대성현인 율곡을 낳은 존재라는 점에 더 중요한 의미를 부여했다. 사임당 사후 100년도 더 지났을 때였다.

> 이것은 고 증찬성 이공李公 부인 신씨의 작품이다. 그 손가락 밑에서 표현된 것으로도 혼연히 자연을 이루어 사람의 힘을 빌려서 된 것은 아닌 것 같은데, 하물며 오행五行의 정수를 얻고 또 천지의 기운을 모아 참 조화를 이룸에는 어떠하겠는가?
> 과연 그 율곡 선생을 낳으심이 당연하다.
> _ 「사임당화란발師任堂畵蘭跋」, 『송자대전宋子大全』

1661년(현종 2)에 이경석은 소세양의 시가 붙어 있는 사임당의 산수도에 머리말을 썼다. 그는 김장생의 문인으로 글씨와 문장에 뛰어났던 인물인데 사임당의 현손玄孫인 이동명의 부탁으로 이 글을 짓는다고 밝혔다.

> 상고컨대 우리 인간으로 천지의 빼어난 기운을 모아 출생한 이는 남자 여자 구분이 없다. 하나의 이치를 투철히 알면 다 알게 되어 마음이 환하며 조화가 그 손에 있게 된다. …… 삼가 신부인의 산수 그림을 열람해보니 …… 이것은 어찌 배워서 될 수 있는 일이겠는가? 거의 하늘이 주어 얻은 것이리라. 그 율곡 선생을 낳으신 것도 역시 하늘이 준 것이요. 천지의 기운이 쌓여 어진 이를 임신한 것도 바로 그 이치이니 어찌 조화가 손 안에만 있다 할 것인가? 기이하고도 아름답도다.
>
> _ 이경석, 「신부인산수도서申夫人山水圖序」, 『백헌집白軒集』, 권30

이경석은 사임당의 산수도에 대해 '천부적인 재능을 타고 났기 때문에 기이하고 아름답다'고 표현하였다. 그로부터 15년 후에 송시열이 같은 그림에 쓴 발문이 「사임당산수도발」이었다.

> 전일 내게 던져 보이며 발문을 요청하신 그 족자를 받았습니다. (중략) 대개 신부인의 어진 덕이 큰 명현名賢을 낳으신 것은 저 중국 송나라 때 후부인候夫人이 이정二程 선생을 낳은 것에 비길 만합니다. 후부인의 행장行狀에 의하면 부인은 '부녀자들이 글이나

글씨를 남에게 전하는 것을 마땅하지 못한 것으로 여겼다'고 했
는데 신부인의 생각도 그와 같았을 것입니다.

_ 송시열, 「사임당산수도발」

여기서 이정 선생은 정이(程頤, 1033~1107)와 정호(程顥, 1032~1085) 두
형제를 말한다. 이들은 주자에게 큰 영향을 끼쳐 송나라의 성리학
을 완성시켰다.

송시열이 사임당을 송나라 후부인과 비교한 것은 율곡을 이정
형제와 같은 반열에 올림으로써 율곡의 학통인 자신을 비롯한 서
인들의 입지를 강화하려는 의도가 숨어 있는 것으로 보인다.

송시열이 사임당의 산수화에 대해 부정적이었던 이유는 바깥출
입이 제한되던 여성이 감히(?) 산수화를 그렸다는 사실과 그 당사
자가 율곡의 모친이라는 것을 인정하기 어려웠기 때문이었다.

그러나 사임당이 살던 16세기는 여성들의 활동이 비교적 자유로
웠고 사임당은 20년 동안 강릉과 한양의 수진방, 경기도 파주, 강
원도 봉평 등을 오가며 생활했기 때문에 산수山水를 감상할 기회
가 많았을 것이다. 그리고 감상에 그치지 않고 그것을 화폭에 옮
겼을 가능성이 다분하다. 이는 타고난 재능과 함께 예술에 대한
열정, 고단한 현실로부터의 도피심리 등이 작용하였을 것이다.

1668년 송시열은 우의정 홍중보에게 편지를 보내어 율곡과 그
부모의 묘소가 황폐해졌다며 보수補修를 부탁하였다. 편지에는 이
이의 산소는 황폐하였고 그 밑에 있는 선생의 부모 묘소에는 표석
마저 없어 백년도 되기 전에 누구의 묘인지도 알아보지 못하게 될

것이라고 하였다. 또한 그 묘소의 황폐에 대해 제대로 두고 관리하지 않는 것이 이와 같으니 어찌 부끄러운 노릇이 아니겠냐고 개탄하였다. 이런 상황에서 이동명이 사임당의 그림을 열심히 구해 발문을 청했던 것이다.

송시열이 발문을 쓰던 시기는 서인들에 의해 율곡에 대한 존숭 작업이 활발하던 때였다고 한다. 서인들은 율곡을 문묘에 배향하기 위해 노력하였고 1680년 경신환국으로 서인이 정권을 잡게 되었다. 그리고 2년 뒤 1682년 율곡의 문묘종사[46]가 결정되었다. 그가 문묘에 배향됨으로써 그를 추종하는 학파와 서인들은 학문적 정통성을 인정받았던 것이다.

16세기에 신씨, 또는 동양 신씨로 불리던 사임당은 17세기에 들어와 신부인申夫人으로 호칭되었다.

18세기,
박제가 되어버린 '어머니'를 아십니까

송시열이 사임당의 산수화에 대해 부정적인 입장을 밝힌 이후 그녀의 산수화에 대한 평은 찾아볼 수 없게 되었다. 대신에 사임당의 그림 중 초충도에 대한 발문이 많아졌고 현재 전해 오는 것도

46   文廟從祀, 학덕 있는 사람의 신주를 문묘·사당 등에 모심.

초충도가 대부분이다.

정필동(鄭必東, 1653~1718)이란 인물은 강원도 양양부사로 임명되었을 때 사임당의 친척에게 초충도를 건네받았다. 원래 여덟 폭이었는데 한 폭을 분실하여 일곱 폭만 소장하게 된 정필동은 안타까운 마음에 잃어버린 한 폭을 다시 채워 8첩 병풍을 만들고 벗들에게 발문을 부탁했다.

숙종 39년(1713)에 송상기(宋相琦, 1657~1723)는 「사임당화첩발師任堂畵帖跋」을 지었다.

예로부터 그림 잘 그리는 사람이야 어찌 많지 않으리오. 다만 그 사람 자신이 후세에 전할 만한 인품을 가진 연후에야 그 그림이 더욱 귀한 것이요, 그렇지 못하면 그야말로 그림은 그림대로 사람은 사람대로인 것이다. 어찌 족히 중경重輕을 말할 것이 있다 하겠는가. 부인의 정숙한 덕과 아름다운 행실은 지금껏 이야기하는 이들이 부녀 중의 으뜸이라고 일컫기도 하는데 하물며 율곡 선생을 아들로 둔 것임에랴. 선생은 백세百世의 사표師表인 만큼 세상이 어찌 그분을 앙모하면서 그 스승의 어버이를 공경하지 않을 수 있겠는가?

그러므로 부인이 뒷세상에 전해진 까닭은 본시부터도 그럴 수 있는 것인데 그 위에 또 이 그림첩이 있어 그것을 도운 것이다. …… 이 그림첩은 후세에 전하여 옛 부녀자들의 역사에 실린 이들과 더불어 무궁토록 빛난 것임을 알 수 있다.

_ 송상기, 『옥오재집玉吾齋集』 권13

송상기는 그림에 대해 "꽃과 채소들은 종류마다 자세하게 그려졌고, 벌레와 나비들의 동작은 입신入神의 경지에 들어서 생동감이 넘친다."고 밝혔다. 사임당의 초충도에 대해 최고의 평가를 하였던 것이다. 그런데 막상 이 그림이 중요한 이유는 "율곡의 어머니가 그렸기 때문"이라고 성품을 강조하였다.

이는 "부인의 정숙한 덕과 아름다운 행실은 지금껏 이야기하는 이들이 부녀 중의 으뜸이라고 일컫기도 하는데 하물며 율곡 선생을 아들로 둔 것임에랴."라는 표현을 통해 드러난다.

또한 "내게 일가 한 분이 있어 일찍이 말하되 집에 율곡 선생 어머님이 그린 풀벌레 그림 한 폭이 있는데, 여름철이 되어 마당 가운데로 내어다 볕을 쬐자니 닭이 와서 쪼아 종이가 뚫어졌다는 것이다."라는 내용은 화가의 뛰어난 재능을 칭찬할 때 쓰던 표현으로 이전 시대나 사임당의 아들 옥산 이우한테도 인용되었던 문구일 뿐이다.

이숙인의 연구에 의하면 바로 이 내용이 사임당의 담론 생산에 중요한 자료가 된다. 18세기에 '율곡의 어머니'라는 신화가 생성된 것이다.

한편 송시열의 문인이자 『사씨남정기』를 쓴 김만중의 조카인 김진규(金鎭圭, 1658~1716)는 『죽천집竹泉集』에 사임당의 초충도에 대한 발문을 남겼다.

첫 부분에 "이것은 율곡 선생 어머니가 그린 풀벌레 일곱 폭이다."라고 밝히면서 "여자의 일이란 베짜고 길쌈하는 데 그칠 뿐 그림 그리는 따위의 일은 하지 않았다."고 적고 있다. 그런데도 부인의 기예가 여기까지 온 것은 진실로 타고난 재주가 총명하였기 때문이라고 하였다.

김진규는 사임당의 초충도가 후비와 제후 부인들의 시에 나오는 초목과 벌레를 그린 것으로, 사임당의 그림은 옷감을 짜고 직물을 만드는 것과 다를 바 없다고 주장하였던 것이다.

주자가 쓴 『시경』 주석에는 「갈담葛覃」과 「권이卷耳」라는 시를 문왕의 왕비인 후비后妃가 지었다고 나온다. 갈담(뻗어가는 칡넝쿨)은 근면검소하게 여인의 본분을 지킨다는 내용이고, 권이(모시풀)는 헤어져 있는 남편을 그리는 후비의 마음을 읊은 것이다. 비록 시를 짓는 것이 부인이 해야 될 일은 아니지만 후비는 이 두 시를 통해 여자의 본분과 마음가짐을 보여주었다고 생각했다. 그래서 제후의 부인들도 채번(採蘩, 다북쑥 캐기), 초충 같은 시를 짓게 되었다고 한다.

김진규가 사임당을 후비와 같이 비교한 것은 사대부가 여성이 그림 그리는 행위에 대한 명분을 갖는 동시에 사임당을 후비와 같은 반열에 올리려는 의도였을 것이다.

한편 사임당의 초충도를 율곡과 연관시키지 않고 그림을 평한 인물이 있었다. 조선의 19대 왕인 숙종(재위 1674~1720)이었다.

당시 사임당의 초충도첩은 숙종의 장인인 김주신의 집에 있었다. 어느 날 숙종은 이 초충도첩을 가지고 오라 하여 똑같이 그리게 한 다음, 그 그림으로 병풍을 만들어 치고 원본은 시를 지어 함께 되돌려 보냈다. 그림에 조예가 깊었던 숙종도 모사해서 감상할 만큼 사임당의 초충도는 뛰어난 작품이었던 것이다. 다음은 숙종이 지은 시의 내용이다.

풀이랑 벌레랑 실물과 똑같구나

부인의 솜씨인데 이같이 묘하다니

하나 더 모사하여 대궐 안에 병풍을 쳤네

아깝구나, 빠진 한 폭 다시 하나 그릴 수밖에

채색만을 썼는데도 한층 아름다워

그 무슨 법이런가 무골법無骨法이 이것일세

_「제모사선정신율곡모소사초충병풍題模寫先正臣栗谷母所寫草蟲屛風」,

『열성어진列聖御眞』

율곡과 절친한 벗이자 정철의 현손인 정호는 다음과 같이 기록하였다.

이 그림은 사임당 신부인의 작품이다. 부인은 훌륭한 덕행을 갖추고 대현(율곡)을 낳아 기르셨는데, 이 점은 진실로 후씨 부인에게 뒤지지 않는다고들 한다. 그런데 지금 이 그림첩을 보니 재주가 탁월하고 예술이 우뚝한데, 이것은 후씨 부인에게서 듣지 못한 바이다. 이와 같다면 어찌 덕을 갖추고서도 모든 일에 능한 분이라고 아니할 수 있겠는가?

_『장암집』 권25, 「사임당화첩발」

정호는 송시열이 사임당을 후부인과 비교한 것에서 더 나아가 후부인보다 더 높게 평가하고 있다. 그러나 역시 그림 자체에 대한 평가가 아닌 율곡의 어머니라는 것을 먼저 내세우고 있다. 결국 송시열이 사임당을 보는 시각과 동일선상에 있는 것이다. 사임당의 예술적 성취보다는 율곡을 낳은 어머니로서 부각시키고자 했던 것이다.

신경(申暻, 1696~1766) 역시 사임당의 그림에서 '율곡됨'의 근원을 찾으려고 했는데, "율곡의 선생됨을 보면 과연 이른바 '단샘醴泉도 근원이 있고, 지초芝草도 뿌리가 있다'는 말을 증험證驗하게 한다."고 적은 것은 숙부였던 신정하(申靖夏, 1681~1716)가 가졌던 사임당에 대한 인식과 같은 맥락이라 생각한다.

18세기에 사임당이 화가로서가 아닌 '율곡의 어머니'로 부각된 것은 송시열 문하의 노론계 문인들이 의도적으로 행한 결과라는 연구들이 나왔다.

노론계 문인들은 자신들의 입지를 강화하기 위해 율곡을 대성현으로 받들었으며 율곡의 학통을 이은 송시열은 자신이 성리학의 정통임을 내세우고자 하였다. 그런 배경 위에 사임당을 중국의 후부인과 같은 반열에 올려놓음으로써 권위를 강조하였던 것으로 추측한다.

따라서 사임당의 초충도는 그림 자체의 예술적 가치보다 '율곡 선생의 어머니'가 그린 작품이라는 의미가 더 컸던 것이다. 특히 숙종이 초충도를 모사하여 감상했다는 사실은 숙종의 '순수한 의도'야 어떠했든, 노론계 문인들에게는 또 하나의 '튼튼한 병풍'으로 작용한 셈이었다.

사후 300년, 19세기 사대부들은
'율곡의 어머니'를 내세우다

이숙인의 연구에 의하면 19세기에 들어와 사임당을 모성의 대명사로 만들고자 주도한 사람들은 평산 신씨들이었다고 한다.

신석우(申錫愚, 1805~1865)는 「사임당 매화팔폭병풍에 대한 발문師任堂梅花圖八幅跋」에서 율곡 선생을 따르는 자들은 선생의 어머니의 작품을 감상해야 한다고 못 박고 있다. 사임당의 그림이 오래 전해지면 율곡의 도학道學도 전해진다는 논리를 펼친 것이니 '제 논에 물 대기' 식 해설로 보인다.

> 우리 유학계에서 이 그림을 존경하는 것은 본래부터 당연한 일이지만, 더구나 부인은 우리 집안 여류 선비라 우러러 존경함에 더욱 특별한 점이 있기도 하다. 옛말에 '그림 생명은 오백년'이라고 했는데, 그것은 보통 화가들에 대해서 한 말일 뿐, 이 그림 같은 경우는 율곡 선생의 도학과 함께 세상이 없어질 때까지 영원히 갈 것이다. …… 세상에서 율곡 선생의 학문을 이야기하려는 사람이면 누구나 이 그림을 보배로이 완상玩賞함이 도리에 마땅하니, 나는 이 그림의 생명이 살고 못 사는 것을 가지고 율곡 선생의 도학道學이 전하고 못 전할 것을 점치는 이라.
>
> _ 신석우, 「사임당매화도팔폭발」

또한 신응조(申應朝, 1804~1899)는 1861년(철종 12)에 쓴 발문을 통해 중국 이정의 어머니인 후씨 부인의 모습을 사임당에서 찾고자 했는데, 이것은 율곡을 내세우기 위한 맥락에서 200여 년 전 송시열이 처음으로 사용한 방법이다.

신응조는 후부인의 그림이 없는 것과 신부인의 그림이 있는 것은 차이가 있지만, 그들의 궁극적인 목적은 같다면서, 사임당은 단지 그림을 그렸을 뿐 세상에 전하려는 뜻은 없었기 때문에, 자신의 작품이 세상에 유통되기를 원치 않았던 후부인의 뜻과 같다는 것이다. 그래서 신부인의 모든 그림은 『시경』에 나와 있는 부녀자의 일들을 재현한 것일 뿐이므로 부도婦道 실천의 연장선상에서 보아야 한다는 논리를 편다.

신응조의 '후부인 담론'과 김진규나 정호의 『시경』 인용은 사임당을 '모성의 아이콘'으로 만드는 작업의 일환이었던 것으로 보인다.

1868년에 강릉부사 윤종의尹宗儀는 사임당의 필적이 사라질 것을 염려해 판각으로 새겨 영원히 보존하고자 하였으며, 그는 "사람으로 어느 누가 어머님이 없으리오마는 율곡 선생처럼 이름을 날려 어버이를 영광스럽게 하는 그런 효성을 바치지 못하는 것을 부끄러이 여기는 것이다(「사임당필적각판발師任堂筆 蹟刻板跋」)."라고 하였다.

그는 또 사임당의 필적에서 문왕의 어머니 태임太任의 덕을 본다고 하였고, 율곡이 훌륭하여 그 어머니가 드러나게 되었으니 오죽헌과 송담원을 방문하는 사람들도 율곡에게서 자식된 자의 도리를 배우자고 하였다는 것이다.

이에 대해 이숙인은 "17세기 이후 전개된 사임당 담론에는 조선후기의 사상사적 특징이 반영되어 있다. 송시열이 사임당을 북송

이정의 어머니 후부인과 동일시한 것은 중국에 대한 소중화주의의 연장선상에 놓여 있다고 할 수 있다."라고 언급하였다. 충분히 타당성이 있는 지적이다.

사임당이 당대 화가로 이름난 신씨에서 신부인으로, 포도와 산수화를 잘 그렸다는 평에서 초충도를 잘 그리는 화가로 바뀌게 된 배경에는 송시열의 문인들과 평산 신씨들 즉 서인과 노론 계열 문인들에 의해 사임당의 모성성 강조가 있었던 것이다.

조선시대처럼 남녀차별적 사회에서 여성은 늘 객체이며 타자일 뿐이었다. 서인이나 노론의 문인들에게 사임당은 자기네들이 정통이라는 기득권을 지키기 위한 훌륭한 방패로 인식될 뿐이었다.

당시 중국 대륙에서는 한족漢族의 왕조인 명나라가 망하고 청나라가 통치하고 있는데도 불구하고 조선의 사대부들은 청나라를 오랑캐 취급하며 조선을 '소중화'로 자처하며 대의명분을 삼고자 했던 것이다. 그 대의명분의 인물로 내세운 이가 율곡이며 율곡의 어머니 사임당은 대성현을 낳은 위대한 분이고 그런 분이 그린 그림 또한 우러러 보지 않을 수 없다면서 송나라의 후부인을 끌어다 그 후광으로 삼았다.

사임당은 사후 300년이 지나면서 뛰어난 여성 지식인이자 화가로서의 이름은 지워지고 '대성현大聖賢 율곡 선생의 어머니'라는 이름 속에 갇히고 말았던 것이다.

그러나 이 시대까지도 사임당은 '율곡의 어머니'로 상징되었을 뿐, 아직 현모양처에 대한 언급은 없었다. 현모양처라는 개념은 일제 강점기에 일본으로부터 들어온 것이다.

한편 사임당의 그림은 숙종의 모사模寫 이후 많은 모사작과 위작이 유통되었다. 강관식의 연구에 의하면 황윤석(1729~1791)이 그의 일기 『이재난고』[47]에서 사임당의 7대손인 이선해가 황윤석에게 "세상에 전하는 선조 할머니 사임당 신부인의 그림은 가짜가 많다."고 하면서 "간혹 진본이 한두 개 있지만 또한 명문대가에서 보배롭게 소장하고 자손들은 감히 사사로이 소장하지 않았다."는 말을 하였다고 한다. 위작이 그만큼 많았다는 사실은 사임당의 그림이 사대부들에게 부와 권위의 상징이 되었던 것이라 짐작한다.

19세기 초 안동 김씨의 세도정치기에 사임당의 그림은 다시 주목받는다. 1803년 「고산구곡시화병高山九曲詩畵屛」이 제작되었는데 김홍도를 비롯한 조선후기의 뛰어난 화가들이 그린 12첩의 시화 병풍이다. 율곡 이이가 은거하였던 황해도 고산의 아홉 경치를 화원 및 문인 화가들이 그린 후 문인들이 여기에 시를 적은 것을 한데 모아 표구한 것이다. 그 마지막 폭에 송시열의 후손 송환기가 「석담도시발石潭圖詩跋」이라는 발문을 썼다. 석담은 율곡을 가리킨다.

안동 김씨 일족이 글씨를 쓴 이 병풍은 순조의 장인인 김조순이 주도해 제작했다고 한다. 이후 사임당의 그림은 율곡 숭배와 함께 노론계 문인들을 결속시키는 매개체로 기능하게 되었다.

47 『이재난고頤齋亂藁』는 황윤석이 10세부터 63세로 서거하기 이틀 전까지 듣고 보고 배우고 생각한 문학, 경학, 예학, 산학, 종교, 천문, 풍수, 성씨姓氏 등 인류생활에 이용되는 실사實事를 망라하여 쓴 일기 또는 기사체記事體의 저서다.

김홍도 등 조선후기 최고의 화가들이 그린 시화병풍 「고산구곡시화병」, 국보 제237호다.

일제 강점기에 도입된
현모양처와 '군국의 어머니' 가면

조선시대에 추구한 전통적 여성상은 '열녀효부烈女孝婦'였으며 '현모양처'라는 말은 기록에서 찾아볼 수 없다. 문헌상 우리나라에 현모양처라는 용어는 1906년 양규의숙養閨義塾이란 여학교의 설립 취지문에 처음 나타났다.

"학문과 여공女工의 정예精藝와 부덕순철婦德順哲을 교육하여 현모양처의 자질을 양성 완비한다."는 취지문에서 당시 일본에서 유행하던 '양처현모良妻賢母'라는 단어가 조선에 처음 소개되었다고 「만세보」에 실렸다.

우리가 알고 있는 현모양처라는 개념은 일본 메이지 시기에 등장한 양처현모이며 일제 강점기에 도입되어 광범위하게 퍼져나갔다고 한다. 1930년대에 이르면서 여성들에게 현모양처상은 널리 알려지게 되었고 이후 오늘날까지 마치 전통적인 여인상으로 인식되었던 것이다. 그리고 현모양처는 원래 근대적 주부의 규범적 원리로 제시된 이념이었으나 전통적 가치가 투영된 현모양처를 이상적 여성상으로 구현한 것은 1950년대였다.

그 후 일본 제국주의가 강요하던 '현모양처'라는 여성상을 '전가傳家의 보도寶刀'처럼 휘둘렀던 시대는 박정희 정권 때였다. 일제와 독재정권은 독점적 지배체제를 유지하기 위하여 여성에게 희생을 요구하는 이데올로기를 주입시켰던 것이다.

본래 양처현모란 여성에게 순종을 요구하는 것이었으며, 일본

제국주의는 이러한 사상을 통해 국가와 남편에게 순종하는 여성을 원했다. 양처현모는 여성의 역할을 아내와 어머니로 규정하고, 그 역할을 통해 국가에 공헌할 것을 기대하게 만든 이데올로기였다. 따라서 일본은 여성들에게 재봉, 수예, 가사 등 가정생활에 필요한 실기 위주의 교과목을 교육시켰다.

일본의 양처현모는 민족주의의 대두를 배경으로 국가통합을 위해 필요불가결하게 요구된 근대적인 여성 교육관이다. 이러한 여성 교육은 여성을 국가사업에 동원하기 위한 일제의 정책에서 비롯된 것이었다.

1944년 일제는 조선에서도 징병제를 실시하면서 국가주의적 현모양처 이념을 강요하였는데 이는 조선 여성을 황국의 신민으로 한다는 정책에서 시작되었다.

따라서 여성은 천황의 자식이 되는 아들을 낳는 존재로서 일본 군국의 어머니로 교육받았을 뿐이었다.

1945년 국민연극 경연대회에서 극작가 송영(1903~1978)의 연극 「신사임당」이 동양극장에서 공연되었다. 당시 관객들의 반응은 폭발적이었다고 한다. 국민연극공연대회의 참가 요건은 "일본 정신을 투영"한 각본이어야 한다는 점이다. 각본을 쓴 송영은 창작의도에서 "병사로 보낼 아들을 길러내는 충성심을 간직한 강인한 어머니상을 제시한다."고 군국의 어머니론을 펼쳤다. 연극 「신사임당」의 이야기 구성과 인물 설정은 허구에 가깝다고 전한다. 전개는 조선인을 일본 천왕의 신민臣民으로 삼는 이데올로기에 부합되는 내용들이었다는 것이다.

따라서 일제에 의해 사임당은 '군국의 어머니'로 또 하나의 철가면이 씌워졌던 것이다.

1970년대 이후 '현모양처'로 부각된
사임당과 모성 이데올로기

1970년대 박정희 정권은 '한국적 민주주의'라는 슬로건을 내걸고 독재체제를 구축하는 한편 민족주체성 확립을 위한 여러 가지 정책을 전개시켜나갔다. 그중 하나가 사임당과 이순신을 민족의 영웅으로 부각시키는 것이었다. 독재정권의 공통된 특징 중 하나는 성역화 사업이다. 특히 역사 속의 위대한 인물과 사적지를 성역화함으로써 체제유지를 위한 명분을 갖는 것이다.

처음으로 사임당에 대한 책을 펴낸 이은상에 의하면 박정희는 1960년부터 율곡에 관심을 가졌으며 1965년 강릉 오죽헌 경내에 율곡기념관이 건립되었다. 이때 사임당의 유품도 같이 전시되었고 이후 파주에 있는 율곡과 사임당의 묘소 및 자운서원 정화사업이 시행되었고 율곡 유적에 대한 정화사업이 1976년까지 이어졌다.

사임당이 한국을 대표하는 여성, 특히 현모양처의 이상형으로 만들어진 것은 1970년대 중반부터다. 1976년 대통령령으로 주문진에 개원한 사임당교육원은 전국 여고생들을 대상으로 교육시켰으며, 1990년대는 강원도의 여고생으로 변경되었다가 현재는 강원도의 여중고생으로 대상 범위를 확대시켰다.

사임당교육원의 교육목표와 내용은 국가주의 이데올로기를 강화하는 것으로 나타났다. 조례 1조에 명시된 것은 다음과 같다.

사임당의 얼과 덕성을 이어받아 한국의 여성상을 정립하고 애국애족에 투철한 민족중흥의 역군을 기른다.[48]

_ 사임당교육원 설치조례 제1조(1977)

1980년대까지 '충忠'은 사임당 교육의 핵심적 요소였다. 교육과정은 국가안보와 충효 관련, 사임당과 현모양처의 이념 강의 등과 국가추념의식으로 짜여 있었다. 일제 때 여성을 '군국의 어머니'로 교육시키는 것과 크게 다르지 않은 행태였던 것이다.

또한 사임당 교육의 중요 내용은 가정 안에서 어머니의 역할을 첫째로 꼽고 있다.

현대여성은 유아교육에서 어머니의 역할, 화목한 가정의 배려, 가사의 과학화, 합리화, 국가 산업발전에 능동적으로 참여하는 가운데 여성 자신이 스스로의 지위에 대한 깊은 자각이 여권신장이며 여성의 열성劣性을 만회하고 남녀평등의 바른 길임을 알아야겠다.

_ 강원도교육위원회 사임당교육원, 1982

48 2015년 현재는 "사임당의 얼과 덕성을 이어받아 전통문화를 계승발전하고 심신수련을 통한 민주시민을 기른다."로 수정되었다.

내용을 꼼꼼히 살펴보면 여성이 어머니로서 주부로서 역할을 잘 수행하는 것이 국가발전에 참여하는 길이라는 걸 강조하고 있음을 알 수 있다.

현재 사임당교육원의 교육목표는 가치관의 확립, 공동체의식의 함양, 전통문화 계승으로 바뀌었고 교육과정도 양성평등과 인권, 진로, 자기계발, 상담교육 등 시대적 변화에 부응하는 내용으로 대체되었다.

또한 박정희 정권은 민족과 국가라는 이데올로기를 앞세워 사임당을 현모양처의 표상으로 부각시키는 데 주력하였다. 이순신을 민족의 영웅으로 만드는 작업과 병행되었던 시대였다.

다른 한편에서는 대통령 부인이었던 육영수를 '양처'이자 국모로 추앙하면서 사임당과 동일시하는 이미지 메이킹을 언론을 통해 전개시켜나갔다.

당시 육영수는 육영재단을 설립하고 어린이회관 건립과 직업훈련원을 설립했다. 이러한 부녀정책은 대통령 부인으로서의 활동으로 특별한 일은 아니었다. 그럼에도 불구하고 그것을 대대적으로 홍보한 것은 당시 정권 밑에 있던 '딸랑이 언론'이었다.

1969년 대한주부클럽연합회는 사임당상賞을 제정하고 '신사임당의 날' 기념행사를 경복궁에서 처음으로 개최하여 사임당은 1970년대 여성운동의 한 축을 담당하는 상징이 되었다. 당시에 만들어진 사임당의 새로운 이미지는 '슈퍼우먼'이었다. 대한주부클럽연합회 초대회장인 김활란은 다음과 같이 주장하였다.

개인적으로도 깊이가 있고 종합적인 지식이 풍부하고 과학적이면서 자유를 향유할 줄 아는 지성과 남편을 협조하고 자녀를 올바르게 키우는 후덕함을 지니면서 우아하고 협동심이 풍부하여 어떤 일에 부딪쳐도 냉정하게 처리하는 '슈퍼우먼'! …… 이 초여인은 50년 후면 한국은 물론 워싱턴 뉴욕, 런던, 파리, 나이로비 등 세계 어디에서도 볼 수 있는 표준여성일 것입니다.

_ 〈김활란 박사 이화근속 50주년 기념 국제세미나〉(조은, 1999)에서 재인용

김활란의 견해는 1930년대 신여성 담론의 하나인 '양처론良妻論'과 일맥상통한다. 과연 슈퍼우먼이 존재할 수 있는가? 슈퍼우먼 신드롬은 이미 일상용어다. 슈퍼우먼 신드롬은 여성으로서 맡은 일뿐만 아니라 노는 데도, 한 사람의 여성으로서도 모든 일을 완벽하게 해내려고 지나치게 신경을 쓴 나머지 지쳐버리는 증상을 말한다.

슈퍼우먼 신드롬은 현대 여성들의 사회적 지위가 높아짐에 따라 일어나는 현상 중 하나라고 한다. 직장생활과 가사, 육아를 병행하는 여성들이 직장과 가정에서 모든 일을 완벽하게 해내려 할 때 생기는 일종의 스트레스 증후군이다. 슈퍼우먼 신드롬의 배후에는 가사를 분담할 의지가 없는 남편의 봉건적 잠재의식이 자리 잡고 있다는 해석도 나왔다.

오늘날 여성의 사회진출이 보편화되었음에도 불구하고 가정에서는 여전히 육아와 가사를 여성이 전담하는 경우가 많은 것이 현실이다. 남편과 마찬가지로 직장이나 자영업을 하면서 일을 하는데

도 가정으로 돌아가면 주부의 이름으로 가사노동에 시달리는 이유는 무엇일까?

슈퍼우먼 신드롬의 배경에는 또 하나의 이데올로기가 작용하는 것은 아닌가 하는 생각이 든다.

역사상 여성들에게 강요되어 재생산되어 온 것 중 하나는 모성 이데올로기라 할 수 있다. 모성 이데올로기는 '위대한 어머니'라는 이름으로 포장되어 오랫동안 여성들의 억압기제로 작용했던 것도 사실이다. 뿐만 아니라 드라마나 영화, 출판 등 대중매체에서도 계속 모성 이데올로기를 재생산하는 것 또한 현실이다.

모성 이데올로기란 무엇인가? 모성 이데올로기란 여성의 위치는 가정이며 가정에서 여성의 임무는 가족 구성원을 돌보고, 이들에게 정서적 안정을 제공하는 것이라는 사회적 통념을 말한다.

미국의 시인이자 페미니스트인 에이드리언 리치는『여성으로 태어나기*Of Woman Born: Motherhood as Experience and Institution*』(1976)에서 구체적인 역사적 예들을 들어 남성 중심주의 사회가 여성의 역할과 지위를 어떻게 훼손시켜 왔는지 논한다. 가부장제에서 모성은 희생과 같은 단어가 된다.

남성들은 법과 제도를 소유하고 피임, 낙태를 조정했으며 출산학을 통해 여성들의 심리를 통제하고 훈련시켰다. 여성은 생리라는 배출과 출혈의 더러운 몸을 지녔고 그러면서도 모성은 성스럽고 은혜로운 것이라는 모순된 심리이다. 리치는 이런 이념이 여성의 출산 능력을 질투한 남성들과 자본주의 제도에서 노동력 재생산이라는 목적에 의해 여성을 성스럽게 하여 희생을 당연시한 데 기인

한다고 말한다.

모성 이데올로기는 여성은 선천적으로 자녀양육 능력을 타고났으며 여성만이 진정으로 성취할 수 있다는 것을 의미한다. 또한 여성이 존경받을 수 있는 유일한 방법은 훌륭한 어머니가 되는 것이라고 말한다. 그러나 이 이데올로기의 이면에는 여성은 스스로를 부양할 수 없고 여성과 아이는 남자에 의해 부양받는 자라는 사실이 있다.

정신분석가인 낸시 초도로우는 『모성의 재생산The Reproduction of Mothering』(1978)에서 이렇게 분석한다. 어머니가 일차적 양육자인 현대 핵가족은 서로 다른 성별 심리를 갖는 여아와 남아를 생산한다. 여아는 모성 능력과 모성 욕구, 친밀한 관계를 잘 이끄는 능력을 지니는 대신 관계에 함몰됨으로써 자율성이 발달되지 않는다. 반면에 남아는 돌봄의 능력과 욕구가 억압당하고 확고하면서도 과도한 자아 경계를 특징으로 하는 자아를 갖게 된다. 이 같은 성별 사회화 과정을 통해 여성이 일차적 어머니로 재생산되고 있다는 것이다.

변혜정의 연구에 의하면 "어머니는 여성이 머무는 장소도 아니고 동시에 직업도 아니다." 그는 이와 같은 육아심리학 이론은 "산업사회의 남녀 역할을 분리하는 과정에서 여성을 어머니로서 사적 영역에 정체시키는 데 기여했으며, 여성을 가정으로 되돌려 보내거나 저임금 근로자로 한정시키려는 자본의 이익과 부합했다."고 파악한다.

그는 이와 같이 왜곡된 모성 이데올로기가 도시 중산층 핵가족과 고학력 여성에게 더욱 두드러지게 나타난다고 지적하면서, 이것은 이 계층이 한국 사회의 지배 구조에 안주하려는 속성을 반영하는 것이라고 보고 있다. 이러한 중산층의 왜곡된 모성 이데올로기는 사회를 계층화, 계급화시키는 견인차 역할을 하는 것으로도 보인다.

현재 한국 중산층의 모성 이데올로기는 서구와는 또 다르게 심각한 양상을 띠고 있다. 학력과 학벌을 중시하는 사회에서 교육은 본래의 목적을 떠나 경제적인 부와 권력을 갖기 위한 패스포트 같은 것이 되어버렸다. 이런 현실 속에서 왜곡된 모성 이데올로기는 자식의 장래를 고민하지 않고 오직 자녀의 출세를 위한 기제로 작용할 뿐 아니라 가족이기주의를 강화하는 도구가 된다.

5만원권 초상화의
진실은 무엇인가?

2009년에 5만원 지폐의 인물로 신사임당으로 선정하였을 때 여성계는 크게 반발했으며 한 여성단체에서는 반대성명을 내기도 하였다. 이유는 다음 세 가지였다.

"현모양처 이데올로기에 의해 지지되고 있는 신사임당의 화폐 인물 선정을 반대한다."

"신사임당이 뛰어난 화가이기는 하지만, 우리 사회에서 그는 율곡의 어머니라는 유교적 맥락에서 이해되고 있어 화폐 여성 인물로 적절하지 않다는 결론을 얻었다."

"신사임당처럼 가족주의 틀에 갇힌 여성보다 21세기형 부드러운 리더십을 가진 여성을 제안한다."

필자는 위에서 언급한 세 가지 반대 이유, 즉 현모양처 이데올로기, 율곡의 어머니라는 유교적 맥락, 그리고 가족주의 틀에 갇힌 여성이라는 견해는 전적으로 사임당에 대한 오해에서 비롯된 오류라고 본다.

먼저 사임당을 현모양처 이데올로기에 박제시킨 것은 1970년대 군사독재 정권에서 정권의 정통성을 확보하기 위한 조선의 대학자 율곡과 사임당을 우상화하는 정책의 일환이었을 뿐이다. 또한 '율곡의 어머니'로 포장한 사람들은 송시열을 중심으로 한 노론 세력들이었다. 사임당의 생애를 꼼꼼히 살펴보면 그녀는 가족주의 틀에 갇힌 여성이 아니라 오히려 그 틀을 깨고 스스로 자신의 삶을 주체적으로 꾸려갔던 인물이었다.

그녀는 7남매를 가르칠 때도 자신의 자녀들이 한 인간으로서 올바르게 성장하는 데 교육의 목표를 두었으며 공자의 '인仁'을 교육이념으로 삼았다. 뿐만 아니라 부모에게 효도하고 형제간에 우애를 강조한 뜻은 그것이 사람답게 사는 첫 번째이고 그러한 마음 씀씀이가 다른 사람들에게도 미쳐서 모든 사람을 소중히 여기는 인본주의에 있었다고 생각한다. 따라서 사람뿐 아니라 세상에 존재하는 만물 특히 미미한 벌레나 곤충, 풀과 꽃 등의 존재들도 다같은 생명체로 바라보게 되는 인식을 가졌다. 이것이야말로 21세기 리더가 갖추어야 할 정신이 아닌가.

현재까지도 우리 사회 곳곳에서 노사분쟁이 끊이지 않고 있는 가운데 비정규직 문제와 청년들의 알바 인권 등등의 사회문제는 리더십과 연결된다. 현대 사회에서 요구되는 리더십 가운데 중요한 덕목 중 하나는 상명하달식의 통제가 아니라 조직이나 단체의 구성원들 간의 소통, 특히 권위를 배제한 수평적 관계로서의 소통력에 있다고 본다. 이러한 관점에서 본다면 사임당은 가족주의의 틀에 갇히기는커녕, '21세기 리더십을 갖춘 앞서간 여성'으로 평가해야 마땅하다.

한편 어느 역사학자는 "이이의 글을 보면 많은 의문이 생긴다. 아들이 그린 신사임당의 실제 모습은 현모양처와는 거리가 멀기 때문이다. 신사임당이 중종 17년(1522) 이원수와 혼인한 곳이 외가인 강릉이란 사실부터가 심상치 않다. 게다가 사임당은 혼인 3년 후에야 시어머니 홍씨를 처음 만났다. 혼인 직후 세상을 떠난 부친 신명화의 3년 상을 치르고 나서야 상경했던 것이다. 삼종지도三從之道에 충실한 현모양처와는 거리가 있기 때문이다."라고 평한 바가 있다.

그러나 사임당이 살았던 16세기에는 혼인을 하면 처갓집에서 생활하는 것이 드문 일은 아니었다는 사실은 당시 많은 기록들에서 나타나고 있다. 그리고 이율곡이 「선비행장」에서 기록한 것을 살펴보아도 삼종지도에 어긋나는 것은 하나도 없었다.

그는 이이가 「선비행장」에서 "아버지께서 혹시 실수하는 일이 있으시면 반드시 옳은 도리로 간하셨다."고 적은 것처럼 사임당은 여필종부보다는 때로는 남편도 꾸짖는 여인이었다고 평가했지만 여러 정황을 살펴보면 꾸짖는다기보다는 조언을 해주었다는 표현에 가까울 것이다.

또한 그가 말한 현모양처 개념은 일제 강점기에 처음 도입된 개념이었고 조선시대에는 열부와 효부의 개념만 있을 뿐이었다. 조선 후기의 기록에는 현부賢婦라는 표현이 나오는데 이때의 현명한 부인은 오늘날 우리가 생각하는 개념과 달리 '재산을 늘리는 능력이 있는 아내'를 가리키는 말이었다.

한편 박혜란 씨는 "신사임당을 현모양처로만 규정짓는 것은 남성중심적인 시각을 그대로 답습하는 것일 수 있다."며 "당대 탁월한 예술가이기도 했던 그를 '율곡의 어머니'로만 평가하는 것은 잘못"이라고 주장한다. 박씨는 "당시에는 여성에게 주어지는 사회적인 역할이 없었다."면서 "역사 속의 여성들을 폭넓은 시각에서 재해석할 필요가 있다."고 강조했다. 필자도 동의한다.

사임당을 페미니즘 시각에서 연구해온 이은선 씨는 "신사임당의 삶은 가정에서 어머니로서, 딸로서, 종부로서, 그리고 예술가로서 다중적 역할들을 뛰어나게 통합한 모습이었다."면서 "종속적이고 자유롭지 못했던 유교 전통사회에서 이루어낸 그의 인간적인 성취와 위엄에는 일차원적인 주체성을 갖고 있는 현대여성들이 다시 배워야 할 귀중한 가르침이 들어 있다고 본다."고 평가했다.

사임당의 선정에 대해 긍정적으로 본 견해는 오히려 미술계에서 있었다.

이처럼 시간대를 달리하며, 현상적으로 신사임당은 지난 조선시대의 아내와 어머니로서의 역할만을 강조된 현모양처의 이미지로 각인된 고정 틀을 탈피해, 독립적 인격체로서 주체적이고 능동적이며 혁신적인 그 나름의 삶을 구가하며, 예술을 통해 자아완성을 추구한 독립적인 존재로 재해석되고 있다. 대중적으로 알려진 초충도 외에 산수도, 포도도, 대나무 그림 등 다채롭고 창의적인 회화세계를 구축해 한국미술사에 기여한 면모가 심도 있게 명증되고 있다.

그 밖에 "자기주도형 셀프리더십, 행동하는 리더십, 코칭 리더십 등'으로 분석하여 사임당의 리더십을 접목시켜 비교분석하면서, 21세기 한국 사회 발전에서 새로운 가치를 찾고 미래지향적인 의의를 확인하는 이해의 장을 마련하기도 하였다."는 견해도 있다.

사임당은 21세기 리더로서 교육자로서 예술가로서 여성으로서 그리고 한 인간으로서 롤 모델이 되기에 충분한 여성이다. 그런데 사후 460년 동안 남성들에 의해 왜곡된 모습으로 고착된 사임당의 초상은 5만원권의 주인공이 됨으로써 부정축재나 뇌물 등 부정행위에 이용되면서 계속 일그러져 있다.

조선시대 여성 중 가장 많이 알려졌지만 진면목은 드러나지 않았던 사임당. 그녀를 통해 우리는 역사 속에서 여성은 늘 타자로 존재해왔음을 또다시 확인하는 셈이다. 5만원권 인물로 사임당이 선정된 것은 매우 긍정적이다. 그러나 이제는 지금껏 잘못 덧씌워진 '위대한 어머니'라든가 '현모양처'라는 신화에서 탈피해야 할 것이다. 그리고 사임당이라는 뛰어난 여성을 새로운 시각에서 재조명하고 재평가하는 작업은 오늘을 사는 21세기 여성들의 몫이다.

참고문헌

1차 사료

『격몽요결』, 이민수 옮김, 을유문화사, 2003.

『계녀서』, 송시열 지음, 동화출판사, 1976.

『내훈』, 소혜왕후 지음, 이민수 옮김, 일신서적출판사, 2001.

『논어』, 김석환 역주, 책과 향기, 2010.

『대동야승』, 민족문화추진회, 1982.

『삼현수간』, 한국고전번역원, 2013.

『소학』, 주희 지음, 윤호창 옮김, 홍익출판사, 2005.

『신편 경국대전』, 윤국일 옮김, 신서원, 2005.

『역주 태교신기』, 박찬국·최삼섭 옮김, 성보사, 2002.

『율곡전서』, 성균관대학교 대동문화연구원, 1971.

『임윤지당』, 이영춘 지음, 혜안, 1998.

『중용』, 이동환 옮김, 현암사, 2008.

『효경』, 도민재 옮김, 지식을 만드는 지식, 2008.

『율곡전서』, 성균관대학교 대동문화연구원, 1971.

단행본

강병수·손용태, 『성호사설의 세계』, 푸른 길, 2015.

관동대학교 영동문학연구회, 『신사임당 가족의 시서화』, 강릉시, 2006.

김재영, 『조선의 인물 뒤집어 읽기』, 삼인, 1998.

박무영·김경미·조혜란, 『조선의 여성들, 부자유한 시대의 너무나 비범했던』, 돌베개, 2004.

손인수, 『사임당의 생애와 교훈』, 박영사, 1985.

_____, 『율곡사상의 이해: 교육사상을 중심으로』, 교육과학사, 1995.

안휘준, 『한국회화사』, 일지사, 1980.

오세창, 『근화서역징 하권』, 시공사, 1998.

이능화, 『조선여속고』, 김상억 옮김, 동문선, 1990.

이문호, 『한국역사를 뒤흔들었던 여성들』. 도원미디어, 2004.

이은상, 『사임당의 생애와 예술』, 성문각, 1989.

임영주, 『한국의 전통문양』, 대원사, 2004.

최선경, 『호동서락을 가다』, 옥당, 2013.

논문

강민수, 「전기적 방법을 통해 바라본 한 개인의 정서적 삶: 신사임당을 중심으로」, 한국인물사연구 19호, 한국인물사연구회, 2013.

김수진, 「전통의 창안과 여성의 국민화: 신사임당을 중심으로」, 사회와역사 통권 80호, 한국사회사학회, 2008.

김익수, 「동방의 인륜사회를 지향한 사임당의 가정교육관」, 한국사상과 문화 47집, 한국사상문화연구원, 2009.

박민자, 「신사임당에 대한 여성사회학적 조명」, 덕성여대 논문집 Vol. 34, 2005.

박일화, 「신사임당의 회화세계 연구: 초충화를 중심으로」, 세종대학교 대학원 석사학위 논문, 1992.

박지현, 「화가에서 어머니로: 신사임당을 둘러싼 담론의 역사」, 동양한문학연구 25집, 동양한문학회, 2007.

손규복, 「조선조 여성 도덕교육에 관한 연구」, 계명대 대학원 박사학위 논문, 1981.

엄창섭, 「사임당의 예술과 이해의 조망: 여성의식의 성숙과 그 반증」, 임영문화 33집, 강릉문화원, 2009.

유정은, 「사임당 〈초충도〉의 미의식 연구」, 한문고전연구 23집, 한문고전학회, 2011.

윤소영, 「근대국가 형성기 한일의 '현모양처론'」, 한국민족운동사연구 44집, 2005.

이미숙, 「신사임당 작품의 조형적 특징 및 예술관 연구」, 경희대 교육대학원 석사학위 논문, 2008.

이은선, 「페미니즘 시대에 신사임당 새로 보기: 신사임당의 성인지도의 길」, 동양철학연구 43집, 2005.

이은혜, 「조선시대 강릉지방의 여류문학, 허난설헌과 신사임당을 중심으로」, 나랏말쌈 18호, 대구대학교 사범대학 국어교육과, 2003.

이숙인, 「신사임당 담론의 계보학: 근대 이전」, 진단학보 106호, 진단학회, 2008.

_____, 「그런 신사임당은 없었다: 권력과 젠더의 변주」, 철학과현실 통권 81호, 철학문화연구소, 2009.

이승현, 「카프 해산 이후 송영의 현실인식 변화연구: 일제강점기 역사 소재 희곡을 중심으로」, 한국극예술연구 34집, 한국극예술연구회, 2011.

이재남, 「율곡 이이가의 심미의식에 관한 연구: 사임당, 율곡, 옥산을 중심으로」, 성균관대학교 대학원 박사학위 논문, 2011.

정문교, 「신사임당은 누구인가」, 율곡사상연구 1집, 율곡학회, 1994.

조규희, 「만들어진 명작: 신사임당 초충도」, 미술사와 시각문화 12호, 사회평론, 2013.

천화숙, 「조선시대 여성들의 삶과 신사임당: 임진왜란 이전까지」, 역사와 실학, 31집, 역사실학회, 2006.

한희숙, 「조선시대 여성인물사 연구의 현황과 과제」, 한국인물사연구 1호, 한국인물사연구소, 2004.

참조 사이트

조선왕조실록 http://sillok.history.go.kr

초판 1쇄 펴낸 날 2015. 5. 20
초판 2쇄 펴낸 날 2015. 12. 10

지은이   임해리
발행인   양진호
책임편집   위정훈
디자인   강영신
발행처   도서출판 인문서원

등 록   2013년 5월 21일(제2014-000039호)
주 소   (121-893) 서울시 마포구 양화로 56 동양한강트레벨 718호
전 화   (02) 338-5951~2
팩 스   (02) 338-5953
이메일   inmunbook@hanmail.net

ISBN   979-11-86542-00-2 (03910)

© 임해리, 2015

이 책은 저작권법에 따라 보호받는 저작물이므로 무단전재와 무단복제를 금하
며, 이 책 내용의 전부 또는 일부를 이용하려면 반드시 저작권자와 도서출판 인
문서원의 서면 동의를 받아야 합니다.

값은 뒤표지에 있습니다.
잘못 만들어진 책은 구입하신 서점에서 바꾸어 드립니다.

이 도서의 국립중앙도서관 출판예정도서목록(CIP)은 서지정보유통지원시스템 홈페
이지(http://seoji.nl.go.kr)와 국가자료공동목록시스템(http://www.nl.go.kr/kolisnet)
에서 이용하실 수 있습니다.(CIP제어번호: CIP2015012198)